培训班
应该这样开

杨新宇◎著

化学工业出版社

·北京·

本书从作者的办学经历出发，详细介绍了自己从零开始创办一所文化培训学校的实践经验。全书包括三篇：谋划起步篇、经营实战篇、经营提升篇。其中生源是办学的第一要素，本书也着重讲述了作者是如何获取第一批精准客户以及在这一过程中的一些实际操作方法，像如何利用互联网社群招生等，比较适合有办学想法又无从业经验，空有理想又难以落地的创业者。本书是一本以实践为主的经验汇总读本，可以帮助初创者避免一些雷区，助力读者快速入行。

图书在版编目（CIP）数据

培训班应该这样开/杨新宇著. —北京：化学工业出版社，2019.8 （2024.5重印）
ISBN 978-7-122-33736-8

Ⅰ.①培… Ⅱ.①杨… Ⅲ.①训练班 Ⅳ.①C975

中国版本图书馆CIP数据核字（2019）第087984号

责任编辑：罗　琨　　　　　　　装帧设计：韩　飞
责任校对：杜杏然

出版发行：化学工业出版社（北京市东城区青年湖南街13号　邮政编码100011）
印　　装：三河市双峰印刷装订有限公司
710mm×1000mm　1/16　印张15　字数170千字
2024年5月北京第1版第11次印刷

购书咨询：010-64518888　　　　售后服务：010-64518899
网　　址：http://www.cip.com.cn
凡购买本书，如有缺损质量问题，本社销售中心负责调换。

定　　价：49.80元

PREFACE | 前言

　　教育培训行业是一个发展十分迅速的行业，具备几大优势：可持续性，学生升年级换届可以往返循环，将会越做越容易，因为学生会不断增多，口碑会不断加强；受人尊重，因为大家都知道尊师重教的道理；资金收回便利，先交费后上课的模式，不存在要账难的问题；行业纯洁、不受干扰，很多行业易受国家政策调控影响，一夜之间轰然倒塌，而教育培训行业基本不会；入行门槛多元化等。因此，教育培训行业也越来越受到青睐，获得了更多的投资，目前已有越来越多的其他领域投资者转向教育培训行业。

　　我从 2015 年开始，与合伙人 Candy 老师一同在哈尔滨创办了宇航教育咨询培训机构。校区不大，理想很大；学生不多，续班很多；一路走来，也走过一些弯路，只想把这些最宝贵的实际操作经验全部说给想办学的读者们听。

　　因作者水平所限，且成书时间较紧，本书难免有所疏漏，敬请指正。

目录 | CONTENTS

⊙ **第 2 篇**
经营实战篇

────

第6章　教育培训行业的互联网与
新媒体运用　　　　　　　135

⊖ **第3篇**
经营提升篇
———

第 1 篇 ①
谋划起步篇

第 1 章

——

认清自己是否适合教育培训

教育培训行业是一个充满着希望的行业，是学生的刚需。这个市场目前尚未形成垄断，行业巨头新东方和学而思占有的市场份额不到10%，所以也是目前很多创业者想要进入的领域。但是，并不是行业好就一定能够赚钱。很多人习惯了"朝九晚五"加双休日的工作状态，而教育培训行业既不是"朝九晚五"，更加没有双休日，最忙的时候就是每个周末。诸如此类的小问题还有很多，所以在进入行业之前，先要了解自己是否的确适合教育培训行业。

● 1.1　认清自己

<u>如何开好一家教育培训的培训班呢？首先要做的就是认清你自己。</u>

1.1.1　明确你的定位

如果不是教育行业的从业者，我建议先去本地的品牌型大培训班"卧底"实习一段时间，实习周期大概在 5 ～ 8 个月；当然，如果时间充裕，也可以选择用更长的时间学习，使自己完全入行。实习期间，不仅要学习成熟培训班的运营方式和流程、招生环节和教师的培训机制等，更要仔细研究分析成熟培训班未来的发展方向、业务主导的模块，为自身创业找到目标，寻求差异化经营。

如果你本身就是教育行业的从业者，那么可以从你熟悉的品类做起，开设精品班，逐步渗透到各个年级；积累了一定的生源之后，在能够保证科目的师资水平和课程体系的情况下，逐步开始扩科，并寻找其中的真空培训方向，同样要寻求差异化经营。

我自己是这么做的：首先，因为之前我并非教育培训行业科班出身，所以首先我在一家哈尔滨本地连锁品牌的大培训班"卧底"实习将近一年的时间，为的就是摸清行业的运营模式；其次，找到一个业内的合伙人，也是我的搭档 Candy 老师（她主教新概念英语）。我们的学校也以中小学英语为主。其实在寻找合伙人的时候，大家也可以考虑邀请经验丰富的知名老师入股，一是能带来一定的生源，二是对你的培训班立足也有一定好处，毕竟有一些有经验的老师在，会让家长更放心一些。

1.1.2　发现你的优势

在明确了教育培训行业之中自己的定位之后，就要发现你自己在行业中能存活下来的优势了。20世纪末，教育培训行业可能就是找间教室，找个知名的老师，学生自己就会来，生源相对容易。进入21世纪后，随着教育培训行业的发展，大培训班越来越多，大把的财力、人力、物力被投入到培训班的课程推广当中。最近的10年，教育培训行业已经发展到以教学教研和服务为导向的阶段，在看重课堂教学质量的同时，更看重课外一系列的极致服务。

在这一点上，我吃了不少亏，得到了不少教训。

我最开始把招生这件事想得简单了，以为有老师的资源就会有生源，以为现在的教育培训市场还停留在过去的发展阶段。虽然在大培训班的学习经历让我开阔了视野，但我还是犯了这个基本的认知错误。所以，我要说的就是，不要再认为在职名师会给你带来源源不断的生源，也不要再盲目崇拜大规模的市场投入会急速增加培训班的品牌口碑，这些方法都过时了！现在，是教学服务当道的时代，可能目前很多的地区还流行在职名师大培训班等培训策略，但是目前教育部门也出台了很多规范，禁止在职教师在外补课。教育的大趋势不可逆，及时发现我们自身的优势，是做到及时止损和盈利的关键。

1.1.3 不要轻言放弃

"不要轻言放弃"听上去就像"鸡汤"一样的六字箴言。但是这一点我还是要说，也是我坚持这么久的精神信念。

我们创业初期的情况是这样的：起初，创业时我和 Candy 老师商定同时开设两个培训班，我们两人分别管理一个。但 Candy 老师管理的培训班因为选址和前期设置等种种问题，在经营不到一年就无法继续。没有生源是我们当时的主要问题。迫于无奈，我们将这个培训班关闭，集中精力经营我们的核心培训班。

那段日子是最难熬的，看着自己苦心经营的培训班日渐萧条，就像看着自己的孩子生病而自己却无能为力，那种揪心和难过无法用言语表达。但是没办法，自己选的路，跪着也要走完。我们咬着牙挺过了这段无比艰难的日子，这就是我要说的，不要轻言放弃，不是"鸡汤"，是基于事实的一种表达。

敢于创业就别怕失败！

● 1.2　认清他人

要办培训班，只做一件事，你会做什么？

选人！人是培训班的第一生产力，所以我们要认清每一个人！

认清自己，更要认清他人。

这里的他人，指的是你在创业路上遇到的各种人。不过，我想主要说的是你请的老师、员工以及你的合作伙伴。你要知道，什么样的人是值得你信赖的以及如何让他们变得值得信赖！

1.2.1　人是培训班的第一问题

这里说的人，多种多样。有学生、有老师、有员工。这些都是教育培训班不可或缺的人力资源。

学生，这里就不做过多说明了。生源，才是我们持续办学的保障。这里我主要想说一说老师，我们的师资力量。这些年大家肯定听过不少这样的事，教育培训班的老师离职，自己办学创业，并且带走了原培训班的一批生源。这种情况在教育行业太常见了，尤其是在大培训班里，以至于业内人士都见怪不怪。

如今，培训班教师的专业发展并没有一个明确的方向，大部分培训班没有给教师的职业发展提供一个明确的机会和目标，即使有这方面的机会也仅仅局限于教研方面，没有突破性的发展。这也使得培训班教师除了代班教课以外，基本上没有明确的职业上升通道，造成了离职率和流动性居高不下的现状。

关于老师会离职的原因，我大致总结了以下几点，后文会做详细的分析，并提出解决办法。

➢ 孤独的周末；

➢ 计件工资没有安全感；

➢ 寒、暑假期间工作强度过高；

➢ 感觉受到剥削——没有学校我自己也能行；

➢ 薪资待遇带来的持续提升的可能性小；

➢ 学校发展太慢，管理通道堵塞。

1.2.2　谁是你值得信赖的伙伴

我们需要找到合适的合伙人和老师，但是你凭什么相信他们适合又靠谱。我认为通俗地讲，就是要把他们变成"自己人"。

优厚的福利待遇是吸引并留住老师的关键，也是老师们能够安身立命的前提。只有解决了待遇问题，老师们才能更好地服务于培训班的学生和整个课程体系，一心一意将本职工作做到更好。

如何把他们变成你的"自己人"呢？

作为负责人应该深有体会：很多老师认为自己的工作是给培训班做的，不是给自己做的，所以很多时候做事并不会特别努力。我们应该理解有些员工不努力工作的心理——我只是一个打工者，做我该做的就行了，甚至于能抽空偷懒也是可以的。其实每个老师都发自内心希望得到培训班的认可，愿意得到赏识和被重视的感觉。

　　当然，最重要的是把薪资待遇全面提升上来，这是最切实可行的做法。

• 1.3 给自己定位

定位。

没错，准确定位才能使我们认清行业、认清自己、认清他人，对于我们初创培训班来说，就是要给你的培训班定位。

培训班的课程产品设计流程，将会直接影响到学员的收费和学习周期，这是我们的培训班正常运转的根本。所以，产品也就是课程的定位是非常重要的，直接决定了你的培训班的定位。

1.3.1 针对办学特色定位

课程产品要有一定的特点，很多中小培训班的学生人数超过百人，但是各个年级学生都有，而且什么科目都在做。这样做会导致每个科目的学生都不多，却占用了过多的师资力量，也会造成教师的课时费相对较低；而且，开设科目较多，这样做的结果就是无法满足现阶段教学教研的发展趋势，学生学习没有持续性，老师教课没有成就感，我们作为负责人更是空忙碌，见不到成效。

长期如此，培训班肯定是做不长久的。我们要给自己培训班一个清晰的定位，做精而不必求全，做的品类越多反而显得不够专业。当然，如果你的培训班处在初创阶段，有些品类其他培训班已经做了，这时候我劝你，把那些既重复且不拿手的科目通通撤掉，只保留一个你熟悉或者你开展很顺手的科目。我们不仅要敢于减少科目，也要在适当的时候不收学生，保证学生的既有质量。

关于这一点我们也踩过不少"雷"。我的培训班在创办初期，我和 Candy 老师经验不足，想要做大做全，开了好多科目，熟悉的不熟悉的，甚至还包括看护晚辅导，一应俱全，有学生就要，结果曾出现过一个暑期辅导班就两三个人的窘境。正是这个契机让我们甩掉了之前经营的另一个培训班，并且开始主打英语课程，从我们熟悉的方面入手。希望读者都能以此为戒，明确自己的定位。

去年暑期我们的新初一班招收了很多学员，但是之后，我们马上进行了调整，有些不适合的学生直接劝退或转化为一对一，对整体的科目进行了重组。

舍得，有舍才有得。现在因为生源问题苦恼，那下一个周期还是一样。所以我们还不如就此规范下来，以后慢慢就会好了。

目前在 K12（kindergarten through twelfth grade，是"学前教育至高中教育"的缩写，现在普遍被用来代指基础教育）领域，除了兴趣课之外，需求最多的还是数学和英语，可以说数学、兴趣课和英语占据了教育培训行业的半壁江山。所以，初创时期如果没有现成的其他科目教师，我们大致上就应该以数学和英语这两个科目作为切入点，将其中的一科作为我们主推的科目。

学生的目标年级也是我们应该定位的。前期可以集中自己的优势课程，比如以小学或者初中为主，如果有高中优秀老师的资源也可以做高中课程。当然，我提倡的是从低年级做起，越是低年级配置好的老师，越会为学生后续年级的升级以及后期的续班做好铺垫。这是我们培养自己生源的一种方式，当然这需要时间以及做教育的情怀。

　　定位之后简单谈一下"引流"。我们在设计课程产品的时候，可以把低学年的课时费用设置得相对低一些，达到引流的目的，并逐渐延伸到高学年。例如，每年的新初一、新高一，都是客户引流的黄金年龄段。

　　不过目前很多的培训班，不仅用入口年级低价做引流，任何年级报名的新生都有优惠，只要能来培训班学习，先不交学费都行。只要教学和服务做得好，就可以转化大批量的学生。新东方等大型培训班所开设的"0 元班""1 元班"就是这个逻辑。

　　但是，作为初创培训班，我们不建议一开始就做低价引流课，而是建议只提供适当优惠，比如开设几节免费试听课。0 元班是需要有成熟的教学体系和持续的教师服务做续班保障的，不是一个初创培训班可以承担的状态。

　　这些都做好之后，最后一点是要给学员分层教学，也就是根据每个学生掌握科目的程度，推荐我们不同的培训班类型和课程，包括一对一或小班、基础班以及提高班。

　　我认为每个学员来培训班学习之前，都应该做个测验，按照测试分数去匹配不同的培训班类型和老师，这也是对教学效果和学习成绩的保障。很多培训班都会觉得，我们本来招生就不好做，再做测验的话能留下的生源就更少了，只要能来、愿意来我们就收。这其实就是培训班的定位问题。我还是认为在有条件的情况下，每个科目都要做到分层教学以及个性化辅导，这样的教学体系才能办出对学生负责的培训班。

　　其实可以这么想，就像我们的学生在自己的学校里，班级都是随机分配，每一个科目都有成绩好的，也有成绩不好的，学生们在学校里就

接受着随机分班制的教育，老师们上课时就只能根据大部分同学的学习程度，来安排教学的进度。这时学生们如果外出补课就更应该有针对性，成绩好的就提高一下难度，成绩不好的就补补基础，而程度相当的学生在一起学习，才会让老师的授课内容更加清晰，更加有侧重点，也更加能够体现我们的教学成果。

第 2 章

——

教育培训行业
的基本认知

如果我们不是教育培训行业的从业者的话，那么最好的学习方式就是观摩别人是如何运营的。这一章我们将从教育培训行业基本的课程体系切入，分析行业基本的课程体系以及收入来源的相关指标，从而知晓这个行业是如何运作的，同时也思考一下教育培训行业的社会价值。

• 2.1 课程模式体系

明确了自己的基本定位，就要持续学习行业内的大培训班是如何运作的。作为教育培训行业的从业者，首先要看的是我们的课程体系，也就是具体的班型，如何分层，教师的类型、学生的类型以及运作一个新开课程的基本流程。

2.1.1 基本班型介绍

我们通过《2017 年中国教育培训行业白皮书》的报告来观察，可以对目前教育培训市场的类型情况来作个总结。

从我们主要的 K12 领域考试科目的辅导课程来看：2 ~ 5 人的课程人数占据了市场份额的 36.7%，6 ~ 10 人的课程人数则占据了 34.7%，可以说这两种课程人数占据了市场的绝大多数份额；其他的 11 ~ 20 人课程人数占据了 18.4%，21 ~ 50 人班型占据了 8.2%；剩下的一对一和多人大班其实市场份额都很小。

教育培训行业发展到现在，招生模式已经经历了 4 个阶段的变化。这是教育培训行业从业者们普遍达成的共识。第一阶段是名师导向，在职老师，名气很大，金字招牌；第二阶段是销售导向，培训班将大量精力和财力投放到市场营销上；第三阶段是教学导向，完善的教学体系和课程设置，将课程产品化；第四阶段是服务导向，老师和所有教务人员通过课上学习和课后辅导以及课外沟通等一系列极致的服务，达到家长选择你的培训班给学生补习的终极目的——提高成绩。

在我们所在的哈尔滨乃至整个黑龙江的教育培训市场上，目前还大量存在着百人以上的大培训班，究其原因不外乎发展阶段还处于名师导向阶段。但是全国的教育培训市场发展是不可逆的，我们应该看到大的趋势就是推行小培训班分层教学，所以我建议培训班可以选择 10 人左右课程人数的班级为主、5 人左右的课程人数为辅的策略。这也是我们培训班目前的主要班型。

推行分层教学的原因在之前已经说过。在分层教学的同时，我们还要控制班级的人数，以保证最优质的学习效果，这也是我们初创小培训班能够获得一定市场份额的一个基础。一个科目的一个年级，至少要分两个或两个以上的层级，以提高班和基础班为例，也可加上做题班之类的班型。以测试分数为标准，把学习程度相近的学生放在一起学习，班额控制在 10 人班以及 5 人班两种，即可基本上达到最佳的学习效果。

我们自己培训班目前的课程人数分类也是基于以上的调查参考，结合我们的特点，设置为 8 人班的班型。最近有个学生想要插班，我还特意跟 Candy 老师商量了他的学习程度，并且征得其他 8 位家长的同意之后，在班级里加了一个名额。小规模的增加其实不会影响教学质量，前提是学生的水平符合这个班级的层级；但记住，一定要控制好班级总人数。

2.1.2 教师类型总结

师资力量是我们办学开培训班的根本保障。同样，基于报告的数据分析以及我们自己的经验判断，我将培训班优秀的教师大致分为几种类型：**睿智创新型、亲切自然型、风趣幽默型、严谨细致型、慷慨激昂型和天马行空型。**

我们大致从这六个类型看一下，在我们培训班里，比较适合教学的老师大致都有哪几种。

睿智创新型： 这一类型的老师也是 K12 领域比较受欢迎的一类，也以稍微年轻的老师为主。该类型老师能够以独特的视角将知识和方法传授给学生，能够以创新的角度，让学生们轻松学会新知识，是普遍受到家长和学生喜爱的一个类型。

亲切自然型： 这一类型的老师也是家长们普遍喜欢的类型。这一类的老师亲和力较强，上课风格自然而不做作；讲课风格比较朴实，既不会矫揉造作，也不会用力过猛；语调不高、神情自若。

风趣幽默型： 这一类型的老师通常会在讲课中引入生动具体的事例，能够把深入的道理讲得浅显易懂，通过幽默的讲解将课程化繁为简是他们的能力。让学生们在疲劳的学习过程中收获一个轻松愉快的学习氛围，这样也容易激发出学生学习的潜力和兴趣，并且能够进行高效的学习。原本严肃的课堂在风趣幽默型的老师手中，会更加地灵活多变，比较受到学生们的喜爱。

严谨细致型： 这一类型的老师，基本上都是上了年纪的老教师。他们不一定头发花白，但一定都有老派学者的气场。一般情况下，这一类型老师生活上都会比较简单，但是课堂上比较严谨，比较认真负责而且对学生要求严格。

慷慨激昂型： 这一类型的老师，在课堂上情绪比较饱满，是性情中人，动情之处会给人一种很强的感染力，继而滔滔不绝、慷慨激昂，能够给人一种强大的存在感，易引起学生们很强的共鸣，能激发学生们对知识的渴求。

天马行空型：这一类型的老师，讲课思维发散，思维跳跃，结合课堂知识，能够发散到天文地理甚至五行八卦。这种老师好不好？是好老师，学生大多会喜欢这样的老师，但是不太适合于我们这种课外的办学培训班，尤其是 K12 领域。不够严谨可能是他们的一大缺陷，不过天马行空确实是吸引学生的一种讲课风格，怎么样用好这样的老师，是我们办学培训班需要思考的问题。

2.1.3　学生类型总结

对于学生，我们在成绩上大致可以分为优等生、中等生、后进生等类型。但是我们纵观一个学生整个的学习生涯，是不能够简单以成绩好坏来区分的。为了便于对学生的类型进行系统的研究，一般可将学生从两个维度进行区分，分别是**性格特征和学习主动性**，即性格**内向与外向**以及**主动学习型和被动选择学习型**。这样可以将学生简单分为四个主要类型：**内向＋进取；外向＋进取；内向＋被动；外向＋被动**。同时，另外还有一类学生不在这个范畴内，就是机械型学习的学生。

我们大致从这五个类型来分析一下学生群体。

内向＋进取：这一类型的同学性格内向，但是习惯于主动积极的学习。性格内向的同学在班级里表现比较安静，如非绝对必要，他们都不太跟同学和老师进行沟通交流，有的时候会表现得比较拘谨。但是在学习上他们不是被动的人，不管是出于对自己目标的把控，还是出于对知识的渴望，他们都愿意进行主动的学习，并且都有良好的学习习惯。通过成绩的提高，他们通常也会建立起一定的自信心，随着年龄的增长，他们的内向程度通常会越来越弱。

外向 + 进取： 这一类型的同学是老师们的最爱。性格上比较外向，而且习惯于主动学习。这一类学生，在性格外向的基础上，大多会帮助老师承担很多组织类型的工作，是班级干部的有力人选。同时在课堂上，也是比较配合老师回答问题的一类学生；和同学们也比较能够打成一片。同时，优良成绩的保障，也让他们从小就建立起比常人更强的自信心。

内向 + 被动： 这一类型的学生性格内向，而且学习属于被动选择学习型。性格内向的学生在班级里表现比较安静；同时，学习上的不主动也会让他们的成绩进展缓慢，长期的成绩不佳会进一步导致他们的不自信，从而使他们更加内向。对于这一类的学生，我们不仅要引导他们产生积极的学习兴趣和学习动力，还要激发他们的学习基因，关注他们的心理动向，加强心理引导。

外向 + 被动： 这一类的学生是最让老师们头疼的。与外向进取的同学不同，他们的外向更多地会表现在嬉笑打闹方面，也是课堂纪律的不稳定因素。同时，被动的学习方式也会导致他们的成绩不会特别好。当然，不排除这一类学生有很多天资聪颖的同学，那么如何引导他们就成了我们要解决的问题。作为培训班，更要为这一类型的学生制订相对合适的学习计划，才能保障他们的学习进度。

机械型： 这种学生游离于以上四种之外，我们单拿出来说一说，因为这种类型的学生也占有很高的比例。他们通常没有掌握良好的学习方法，也就是我们常说的学习还没开窍。他们只会死学，并且耗费的时间与学习的效果不成正比，事倍功半。对于这一类学生，我们要关注的是学习方法的培养，多引导、多点拨，锻炼学生归纳总结的能力，并且多分享其他同学的学习方法。而教授学生学习方法也是我们做课外教育培训班所要传授的目标，也是学生们应对各种考试所需要的。

2.1.4 课程的几个环节

我们推进一个课程产品，通常要遵循一定的步骤。我总结了以下几个步骤来实现课程的推进流程监控：

开班第一课；电话回访；插班制度；不定时抽查；满意度调查；家长恳谈会；结课家长会；老生召回。接下来，让我们大体梳理一下这个流程。

（1）开班第一课

➢ 课前温馨电话：学生报名之后，由该班任课教师逐一给学生打电话，沟通基本情况。

➢ 学生情况一览表：内容包括姓名、学校、年级、生日；学习习惯、自主性、性格特点；学情、考试分数、以往培训班学习经历；家庭情况、父母职业及哪位家长具体负责学生的学习。

➢ 学生情况梳理：将学生情况熟记于心，打印学生名卡。

➢ 本学期课程介绍：本学期学习的主要内容、知识点及对应的考点；教研组统一审核，学校统一版本，人手一份。

➢ 本学期教学计划：本学期授课计划，分解教学目标，具体到每月、每周、每次课的安排。同样，由教研组统一审核，学校统一版本，人手一份。

➢ 学生的行为规范和要求：将请假制度、补课制度、作业提交、课堂要求等，打印出来，人手一份。

➢ 家长配合的工作：包括请假、作业签字、参与家长会、与老师之间的沟通。

➢ 物资储备：档案袋 4 个，包括本学期课程介绍、教学计划、行为规范和家长配合。

➢ 第一次课的邀请：包括前台的服务、教室环境的打造等都应在课前准备好。

（2）上课：课中实施五部曲

➢ 教室迎接家长学生：授课老师至少要提前 15 分钟到达教室。

➢ 学校领导致欢迎词：讲办学理念，介绍上课老师。

➢ 老师课前沟通：对于本学期的课程介绍，教学计划，行为规范，家长需要配合的工作等四项内容的讲解。

➢ 资料回收及存档：请家长签字，回收并存放相应档案袋。

➢ 别开生面第一课：做好课堂难易度、趣味性及参与度的把握。

（3）课后：落实两个动作

➢ 课后回访电话：第一次课程听后感，学生对课程及老师的评价，家长的评价、意见及建议等。

➢ 学生情况记录及统筹划分：主要划分为续班榜样人群、主体人群和重点关注人群。

（4）监控

➢ 推门听课：负责人随时可以推门听课，每班 15 分钟左右。可关注：教学进度、课堂氛围、班级监控；老师和教学负责人双方确认签字。

➢ 分批次抽考：课程进行到三分之一时要进行分批次抽考，统一公示及制定后续改进方案。

➢ 随机电话回访：关注点是学生对老师的评价，包括喜欢与否、学生的成绩是否提高；家长对老师的评价，包括是否有责任心以及是否满意。

（5）结班家长会

➢ 家长会邀请函：提前一周邀请，共同见证学生们一学期的成长与进步。话术很重要，家长的到场率很重要，学生与家长要共同参与。

➢ 教室环境：家长坐在学生旁边，教室内设有学生优秀作品展示。

➢ 本学期的学习回顾：开班时的课程介绍及教学计划要放在书桌上。

➢ 家长需要配合的工作：请假、作业签字、家长会的参与状况、与老师之间的配合等。

➢ 考试成绩总评：最高分、最低分、平均分、试卷出题思路和难易程度。

➢ 单个学生分析：总分得分、得分率、平均得分率、考试的问题、针对性建议（下一期课）。

➢ 出勤汇总：本学期全班同学出勤表现，以数字化方式呈现。

➢ 颁奖典礼：可设立学霸奖、进步奖、出勤奖、作业奖、发言奖，各项比例不高于全班人数的 20%。

➢ 教师专题分享：包括家庭教育和学习方法等。

➢ 下学期课程介绍。

➢ 下学期教学计划。

➢ 目标制定：家长学生沟通，确定下学期目标，签字确认。

➢ 资料回收：内容签字，放入档案袋。

➢ 续费报名。

➢ 全班老师与学生合影，并转发朋友圈，形成传播与续转介绍。有一套标准模板。

• 2.2 培训班收入来源

不少我认识的培训班负责人，都有这样的感觉：每一期的学费都是正常收取，每一次招生季都觉得很成功，可是每到年底清算，却总是发现没有多少盈利。我自己也有这样的感受：多发课时费，培训班运营的成本就会升高，长期费用成负担；课时费过少，留不住好老师。所以，我们一定要算清培训班的收入来源和最终的利润。

那么我们就来简单地给培训班算一笔账，看一看培训班的收入来源都用在了哪里。

2.2.1 预付款即现金流

教育培训行业与其他行业有一个本质的区别，教育培训行业的收费方式都是预付款，也就是家长先交学费，学生后上课，并且是要一次性地缴纳未来一个阶段的费用。这个课程的阶段在培训班的模式下一般是一个学期或一个假期，在一对一和兴趣培训领域则多半以年或季度为单位缴纳，学费动辄上万元。有的家长为了要优惠，甚至时间交得更长、学费交得更多。

培训班收到家长们交的学费，即预付款，其实应该分期确认收入和利润。但是由于我们培训班初期进入门槛过低，很多培训班并没有整体

的财务分析流程。其中有一部分培训负责人在拥有不少的资金以后，以为自己掌握了大量现金流，就会将资金盲目投入到培训班扩张和课程推广上，以获得更多生源及预付款，从而使培训班陷入了这种恶性循环的陷阱里。

这种用未来的费用支付今天费用的方式，在遇到了行业快速发展时期或高利润时期不会显现危害，但是随着教育培训行业的日趋成熟，培训班竞争激烈化，场地与人力成本越来越高，一旦后期的预付款学费跟不上当前的投入成本，现金流就会马上断裂。有很多的培训班出现问题，就是盲目不当的投资造成的。

这就是培训班特有的预付款与现金流的关系。

2.2.2　利润率与"课消"

培训班的成本一般分为固定成本和流动成本两方面。通过各方面的数据统计分析，我们建议在办培训班的实际操作中，要做到成本精细化，并将利润率保持在35% ～ 37%，这个数据是行业内的共识。如果利润率低于这个区间，就说明我们的培训班成本高、利润低，缺乏后续持续发展需要的资金；如果利润率高于这个区间，并且培训班还另有正常的市场营销费用，就说明这家培训班可能是薪酬待遇或其他方面投入较低，也会阻碍进一步发展，可以说基本上要么是小作坊方式，要么培训班本身发展不起来。

收到的学费就是我们所说的预付款，使用过的称为消耗学费，也就是俗称的"课消"，也叫结转收入。预付款并不是培训班的真实营业收入，只有老师教完了、学生学完了的消耗学费，才是培训班真实的营业收入。如果想要提高我们培训班的利润，其实需要提高的是结转收入。

需要注意的是，学生没有来上课，学费仍然正常消耗，但是我们可以安排适当方式的补课。那么如何加大学生们的课程消耗？简单地说，寒暑假都要有一期课程，节假日期间不要轻易放假，适当地开设几期精品班，并开设一些专题的短期班。同时要记得，除必要时不要轻易打折，否则会降低利润率，打击老师的授课情绪。

2.2.3 人均产能

人均产能指的是什么？官方的定义是：人均产能就是指一个地区（或单位）的总产出，分摊到每一个人的平均值。即：人均产能＝一个地区（单位）的总产出／总人口数。

经济学一般会用人均产能来表述一个地区或机构经济发展的程度。在现代的商业竞争中，人均产能就是评判一家公司成功与否的重要指标。作为教育培训行业，一个培训班的质量就反映在人均产能上，该指标越高，工作效率就越高，培训班的盈利水平也越高。

所以说，我们作为培训班，提高人均产能是我们发展的根本，是我们最重要的一个指标。

作为教育培训班的运营，我有一个基本的判断，即大致应该做到**"5 个人干 10 个人的工作，发 8 个人的工资"**，上下同欲保公平。大体意思就是用 5 名员工来完成 10 个人的工作量，而给这 5 名员工发放的薪资待遇是行业均价的 8 人份。这样做其实是一种双赢，既培养了员工的工作能力，又让他们的收入有了保障；而对于培训班的经营者而言，用高于行业平均水平的薪资待遇留住了人才，并且实际上 10 个人的工作量我们只发了 8 人份的薪资，也相当于节省了资金。这样基本上就能够达到提高人均产能的目标了。进而使培训班最大程度上实现利润和收益。

2.2.4　满班率与续班率

首先我们要明确教育培训班的满班率和续班率是指什么。

满班率通常是指班级里，实际人数／计划招生人数，这个比值就是满班率。续班率就是指学习本期课程的学生续报名下一周期课程的比例。

明确这两个概念，对我们做培训班而言是十分重要的。因为你会发现，让你的培训班持续盈利的关键所在，其实就是提高满班率和续班率。

我举个例子，比如我们之前说过的 6 ～ 10 人的班型。如果我们设定的计划招生人数是 6 人，那么招进 1 人，满班率就是 1 除以 6 约为17%，招进 2 个人满班率就是 33%，3 个人就是 50% 满班率，依此类推，6 个人即满班。相对应地，假设一个学生一周期费用为 6000 元，招 2 个人能够达到盈亏平衡，即两个学生时利润率为 0，那么招到第三名学生时，我们的利润率为 33%，以此类推，到达满班 6 人时，利润率即为67%。而如果我们继续扩大规模到 10 个人，相应的满班率为 167%，而利润率达到了 80%。

通过以上的例子，我们可以发现，作为培训班，我们要尽量做大班！这里所说的大培训班不是上百人大班，而是指 6 ～ 10 人的班型。我们制订招生计划时就要尽量设定好班型，尽量 10 人满班，因为每多招 1 个人，我们的利润率都会相应提高不少；也就是说，教室有 6 个座位就要招生 6 个人，有 10 个座位就尽量坐满，而不要把 10 个人又拆成两个班。这是实实在在地通过提高满班率来提升我们利润率的做法。

相对来说，续班率要清楚得多，也就是继续报名下一周期课程的比例。

对于培训班来说，续班是保证生源的一个重要指标。具体到续班率上，其实每个培训班之间都会不一样，比如类似于我自己的中小型培训班一般都能够做到续班率 90% 以上，而据我所了解，很多大一点的培训班续班率就会稍微低一些。所以说，续班是一个比直接招收新生更为有效的解决培训班生源问题的重要方法。

有些培训班不重视续班率的问题，认为只要做好课程推广工作，能够招到新生就可以了。但是续班一个学生付出的成本远远低于新招一个学生所需的各种成本！并且大家忽略了一个事情，就是培训班口碑传播的问题。一个很常见的场景是这样的：可能学生不再续班的原因不在于培训班和老师，但是当其他的学生问到为何不续班时，家长们可能并不会说是自己的原因不续班，一般情况下都会说，这个培训班的教学质量、师资力量、教学环境等方面做得不好。因此，保证培训班较高的续班率是我们生存下来的根本，也是提升我们利润率的基本保障。

作为培训班的经营者，我们要把最宝贵的精力和资源用在老生的留存，也就是续班上，而不是所谓新生的营销，也就是招生上！

授课教师是决定续班率的一个关键因素。我们老师的水平直接决定了培训班的教学质量，老师能够直接接触家长和学生，学生和家长对老师的认可度也直接决定续班率。除此之外，对很多学生来说，特别是一些低年级的学生，他们判定是否在一个培训班里继续学习的原因也比较表面化，很大程度就是对于授课教师的喜爱程度以及一同上课的同学相熟的程度。有些时候可能家长已经认为课程对学生成绩的提高帮助不大了，但如果学生自己说好而且愿意学，那么家长继续报名续班的可能性就很高。因此，授课教师对于课堂整体把控的吸引力以及对学生是否表现出足够的责任和喜爱，是学生是否续班的关键因素。

最根本的解决方案是提升教师的教学质量。不过也可以结合培训班的自身特点来看这件事，提升对于学生的关注度和课后的服务也是一个比较简便易行的方案。对于学生而言，在自己的学校可能感受不到老师更多的关注，而在我们的培训班，只要我们的老师想做并且愿意做，学生一定能够得到足够的关注，这也是我提倡小班授课的一个原因。所以，我们培训班在提高教学质量之外的另一个方法就是，让老师更多关注学生本身，持续提升教师的服务意识和课后服务水平，让我们培训班里的每一位学生都得到足够的关注。而课后服务也是教育培训行业发展到现阶段的一种必然产物。

2.2.5　平均获客成本

我们培训班的每一名新生，都是通过一定渠道获得的，而我们要计算的一个重要标准，就是平均每招到一名新生，培训班要付出的招生成本是多少，也就是我们所说的**平均获客成本**。

说到获客成本，就要说到我们的招生手段了。常用的手段包括摆点宣传、小区宣传、与公立学校合作、开展公益课堂、运营家长微信群以及口碑转介绍等方法。

这里除了口碑转介绍以外，其余方法都需要消耗人力、物力以及财力，这些都是我们的获客成本。根据以往的经验以及数据统计，培训班招新生的平均获客成本一般在 1000 元 / 人左右，也就是说，我们每招到一名新生，都需要付出 1000 元左右的成本。这其实对于初创培训班来讲，不是一笔小数目。由此可见，口碑的形成和传播以及家长的转介绍是多么重要。当然，这更加反映了之前提到的续班率的重要性。

2.2.6 每平方米绩效

平方米绩效也是我们提高利润率的关键指标。

每平方米绩效，顾名思义，就是将绩效考核分摊到培训班的每一个平方米上，计算每一个平方米的价值和带来的收益。对于初创的中小培训班来说，提高每平方米绩效是提高利润率的重要保障之一。

大体来说，平均每平方米每年创造价值为 1 万元是比较符合市场平均标准的。

• 2.3 培训班的驱动与问题

教育培训行业发展到现在，生产力驱动模式已经大致经历了以下 4 个阶段的变化。

第一阶段是名师驱动。在职老师，名气很大，金字招牌。这也是教育培训行业发展的原始阶段，这一阶段很多培训班靠着名师驱动，野蛮生长壮大。令人遗憾的是，时至今日还有很多家长，甚至教育培训行业从业者认为教育培训行业还停留在这一原始阶段，没有看到教育培训行业持续发展的可能性。可以预见的是，抱有这种思想的不论是家长还是培训班，都必将被时代浪潮所淘汰和遗忘。

第二阶段是销售驱动。培训班将大量精力和财力投放到市场营销上。用传统的销售手段开拓教育培训市场，投入大量的营销人员和营销成本。这样的做法用在教育培训行业，弊端是很明显的。我们的销售人员是否对教育培训行业有足够的认知是个问题，很多时候培训班的课程推广人员或者说课程顾问把课推荐给了学生和家长，并按照其他行业的通用做法，会承诺培训效果，承诺孩子的成绩等。但是他们都忽视了教育培训的本质，就是成绩的提高是有不确定性的，谁也不能保证。而一旦进行培训课程推广时承诺的要求不能达标，一方面会影响我们的续班率，另一方面也会影响培训班的口碑。久而久之对培训班形成不良的影响。这也是教育培训行业和其他行业的不同之处。

第三阶段是教学驱动。完善的教学体系和课程设置，将课程产品化。完善的教研与教学也是我们目前应该追求的发展目标。

第四阶段是服务驱动。老师和所有教务人员通过课上学习和课后辅导以及课外沟通等一系列极致的服务，从而达到家长选择你的培训班给学生补习的终极目的—提高成绩。

基于以上认知，我们简单谈一下市场营销与口碑传播、教学教研以及培训班的社会价值和对外体现。

2.3.1 教育培训行业特点

在谈教育培训行业的营销模式之前，我们不妨先看一下教育培训行业的一些基本特点与一些传统的行业有哪些区别。

（1）用户转化的周期比较长

这是教育培训行业自有的特点。教育的投资其实是每个城镇家庭都比较看重的投资，最终的结果也会对学生们产生直接影响。另外，除了投资成本外，时间成本也是一个重要的考虑方面，因此我们的潜在客户都会有一段窗口观望期，这是不可避免的。基于以上认知，教育培训行业的课程推广，基本分为两部分：积累口碑和销售转化。前期积累口碑与流量；后期通过销售手段促成转化。

（2）消费者与体验者不一致

这个问题也是教育培训行业的一大特点。简单来说，在 K12 领域里的消费者一般都是家长，而体验者是学生们，但相对应的决策者其实有时是家长有时又是学生。所以，K12 领域的课程营销其实是对家长而不是对学生的营销。很多不了解教育培训行业的人总是想不明白这件事，并且对高年级学生的自主决策能力过于自信。

（3）结果无法量化

对于 K12 领域的培训课程，我们没办法把参加完课程最终的结果进行量化。怎么量化？考试成绩也只能是作为一个参考。职业培训、英语四级六级或者公务员培训，诸如此类的培训课程其实都是有直接和明确的目标与结果挂钩；而 K12 教育并不能直接简单地保证学生们经过中、高考后能够最终考取理想的学校。

（4）服务专业化

不管是家长还是学生，对于培训班的基本要求都是专业化。简单来说，首先，我们办学开培训班时就要对自己有一个高标准的要求；其次，从一些细微之处来说，可以为学生准备一个听课证或者学员证等类似的证件，营造出一种更专业的感觉。

（5）口碑营销的重要性

口碑传播的营销是教育培训行业里的一个特点，也是一种营销模式。原因很简单：一方面，是因为教育是一个重体验的行业，参与者的建议总是影响一些观望者的态度；另一方面，教育培训行业是一个需要长期积累的行业，不论是学员还是口碑，那么在这个积累的过程中口碑的传播就显得很重要。

2.3.2　教育培训行业营销方式

基于以上特点，我们简单说一些教育培训行业的营销模式。

（1）线上营销

做教育不是只做经营，更重要的是育人。你可以将自己为什么要做教育以及你的办学理念和感悟等拿出来，做一次真诚的分享，相信效果不会太差。

（2）线下活动

不同年级的培训班可以做不同的活动，中小培训班就做些小活动，大培训班可以做大活动。做活动的成本是跟学生的转化率挂钩的。

（3）线上微信群

简单来说就是可以在群里做免费的公开课，以此来做宣传，并适时地推出你要宣传的正课或其他课程。

（4）微信公众号

这其实可以作为一种主要的课程推广手段了，基于互联网平台。我们后续还会具体来分析，这里先不做过多说明。我们可以从公众号引流，也可以把其他活动的流量向公众号里导流。

2.3.3　教学教研

现在整个教育培训行业都处于重视教研与服务的阶段。做好教研工作，其实也可以从以下几点来做。

（1）确定目标用户

其实之前也说过这一点，就是给自己一个定位。确定你的目标用户群体，这是第一步也是重要的一步。

（2）打入用户内部，深刻了解需求

深入地了解目标群体——你的潜在学生们和家长们——处在学习的什么阶段，有什么样的学习状态，需要学习什么样的知识，习惯于哪种教法，喜欢什么样的案例等。作为 K12 教育培训班，我们要摸清市场上对于学生真正有帮助的东西。

（3）制定教学大纲

在对目标群体进行调研之后，我们要进一步制定出相适应的、合理的教学大纲。这一点很重要，是一个重要的参照物，能让你明确你的产品是否足够吸引到你的目标用户，并且让你的目标用户认可你的课程体系。另外，还能够给老师一个参考，如何设计接下来的产品以及怎么样讲课比较有吸引力。

（4）制作课程

基于以上几点，我们就可以设计出符合目标用户群体的课程体系，也就是标准化的课程产品。

（5）收集反馈

上完课之后，针对课上的一些问题，整理归纳，收集学生和家长的意见和建议，及时整理并制定出相应的解决方案。

（6）调整课程，再次反馈

根据收集的信息，及时调整课程产品，并应用在下一次课堂上，然后再重复上面的步骤，收集反馈信息，以便再次调整。

（7）教学教研完成

将步骤（5）与步骤（6）重复几次，你会发现，我们的课程体系已经趋于完善，学生和家长们的好评也越来越多。这一个产品此时也就趋于成熟了。

2.3.4　社会价值与对外体现

培训班的社会价值和对外体现是什么？在这里我只想通过一个小小的观点来谈一谈。

对于"学习"这件事，"活到老学到老"这话不是随便说说的。为什么呢？

打个比方，我们国家的教育，其实并非真的只专注把"知识"教授给学生这一件事，老师教给学生的还有"思维"。

听着够复杂的吧，其实很简单。

我们可能对某一个科目特别感兴趣，将与这个科目有关的知识建立一个系统的体系，想尽各种办法了解它、读懂它、精通它。很多人都是通过这种方式来学习的，但是我们一般情况下，并不一定有精力在所有科目上都进行这样的学习。那为什么还有很多学生能够在一定程度上，在每一个科目上都拿高分呢？因为我们的很多老师，在讲述学科知识之后，还会讲很多解题的技巧，我们的学生一般都会把这些方法总结好并且记住。

老师们通过多年的教学经验，已经能够摸准命题规律，直切考试要害，把考试的要点和答题的方法总结得一清二楚，简单易上手。而拿高分上名校的学生，在很大程度上也能够掌握老师们的解题思路和方法，并加以归纳总结，形成自己的学习体系。

而这样的方法，其实就是我们很多时候所说的解题思路。学生掌握了每一个科目的思路，想不拿高分都难。初、高中老师教授给学生的东西，基础知识层面的是非常重要的，但是解题的思路和方法更为重要。

补课补的是什么？就是学习解题思路和方法，我们这里可以称为"术"。但是这种方法只能做到"破"，做不到"立"。而如果你真的想在某一方面有一些造诣、有一些更深的了解，那么它需要你经年累月地建立体系，搭建知识架构；再一步一步地将架构填满，循序渐进。这是需要时间的，这就是"道"。

也就是一个人从学生逐渐转变为职场人士之后，想要安身立命学点真本事，就不能再用考试的那种"术"了，而是要从头开始，建立自己的知识体系、自己的"道"，也就是所说的活到老、学到老。当你摆脱了考试的环境之后，你才可能真的开始学习。

举个实际的例子可能更好说明。

我上初中的时候，物理考试成绩很好，考试时总能答对大部分题。同班一位同学很喜欢物理，但是他的物理成绩没有我好，分没有我高，所以他向我请教，想和我探讨一下题目背后的原理。可是，我不懂原理呀！当年我的物理老师很厉害，是中考命题组成员，直到现在他还是物理界的补课名师。我只是将他在某一节晚课上，写在黑板上教给大家的一个解题的方法牢记于心，所以我才会做这些题，并且按照这样的逻辑，做出了大部分考试题。

但是我真的喜欢物理吗？并没有。因为抛开考试的因素，我对物理这件事并没有任何兴趣，所以除了会做这些题，我并没有真的理解这些原理。我只是学会了解题技巧，也就是应对考试的方法，我管它叫作"术"。而我的这位同学，从小就喜欢物理，每一个关于物理的问题都要刨根问底，追寻本源；也就是说，他从一开始就在构建关于物理学科的体系和架构，然后一点一点地充实进去。

那么我们两个会有什么区别？区别就在于我只关注题目的对错，而他在关注题目的本源。这就造成我的成绩会很好，他的成绩有起伏。因为我只是在答题，而他却是在思考，思考了就会有问题，就会对所谓的答题技巧有质疑。那么考试成绩我比他多得了几分，就能证明我的物理学得比他好吗？我只知道，在脱离了考试的环境之后，我把所有的答题技巧，全部还给了我的物理老师；而我的同学则将物理作为他的专业，继续研究，最终成为他安身立命的本事。现在，谁还会记得我曾经在他的专业上比他多得了十分八分呢？

那么"考试之术"重要吗？当然很重要。我们没办法做到面面俱到，又想在出人头地的道路上更进一步，所以别无选择。

那么自己的兴趣重要吗？我认为这个更重要。考试之术是一个叩开理想之门的钥匙，而你进去之后要干什么？那都是你自己的选择。

我对现在的学生的建议是：至少要在某一个学科的某一个领域里，发现自己的兴趣所在，除此之外的其他科目，就交给"考试之术"吧。因为，能够通过逻辑总结出一套行之有效的答题技巧，也是一种能力的体现。当你用"考试之术"叩开那扇门之后，请将它们通通忘掉，然后建立自己的架构，一步一步地填充自己，将之前发现的兴趣最大化，开始真正的学习。我们作为教育工作者，应该早点让孩子明白其中的道理，这样他们才不会觉得学习是枯燥无味的，也比你苦口婆心的说教效果更好。

很惭愧的是，我在三十岁之后才真正地理解我们学校教育的美妙之处。而也是从那时开始，才真正地懂得学习的重要性。

我想，这就是我们应该传授给学生们的价值观吧，也是我们作为教育工作者存在的价值所在。

第 2 篇

经营实战篇

第3章

——

选址与装修

确认自己能够进入教育培训行业，并对行业做了一些调研工作，那么我们就可以进入筹备阶段了。而这一阶段培训班的选址和装修是很重要的。选址之前要对你的培训班定位，明确了规模大小后，可以按照房产的特征选择不同规模和地址的店铺。完成选址之后应该按照培训班基本的功能设计风格装修。

● 3.1 控制规模成本

作为初创的培训班，不求做大做强，我们首要的目标是生存下来，所以小培训班的运营首先就要控制规模和成本。控制规模和成本的前提就是对于自己的培训班有个明确的定位。这里的定位是基于项目规模和预算所做的，直接决定了后期的选址方案和装修预算。当然，作为初创培训班，我们在相应的定位基础之上，最好将成本和预算安排在可控的范围内，作为初入行业的试水期一定要控制成本规模。

选址之前，我们可以给自己作出以下几方面的定位，从中找出一个适合自己的规模。

3.1.1 项目定位

对于教育培训行业的项目定位，我们可以根据不同品类，定位于不同的区域。K12 领域的学科项目与其他的教育类项目有所不同，对于区位优势其实比较看重。

而作为我们 K12 领域的培训班，像学校周边的门市、写字楼、商住两用楼、普通民房其实都可以选择；也可以基于某一个小区或几个小区的周边，做一个社区店；抑或是培训班集中的区域。当然，交通便利的商圈也可以作为备选，但是我建议初入教育培训行业的创业者要慎重选择。

3.1.2　资金定位

前期资金不太充裕的情况下，可以选择商住两用楼作为起步；如果有合伙人，资金尚可的话，可以考虑主干道或高档小区附近的写字楼；资金充足的情况下，若同时还有投资人助阵，也可以考虑一些高档写字楼等场所。

不过即使真的有丰厚的投资做支撑，我个人还是认为前期投入先保守一些为好，毕竟如果你不是经验丰富的教育培训行业从业者，还是要一步一步走好创业路，慢慢发展，先做强，再做大，投入也是循序渐进，会避免一些不必要的资金浪费。

3.1.3　发展定位

我建议大部分的初创培训班稳健一些，可以选择加盟其他品牌或者自己开一间社区店或以学校周边为发展地，这样相对来说也能解决一部分的生源问题，毕竟我们刚刚创业。我还是那句话，切记要控制成本和规模，选择对自己最有利的定位。

我们未来可以有长远的规划和目标，但是初创时期还是稳步发展为主，一步一步做好教学和服务，再规划我们未来的发展，其实就是我们最好的选择。

我自己也在早期的发展定位上出了一些问题，可以作为反面的参考。

3.1.4　个人定位经验总结

在控制规模上我自己有很多次失误，也损失了不少资金。前面我也讲过了，初创时期，我与 Candy 老师共同经营了两个培训班，这样的做法其实对于初始创业是十分错误的。这样做除了过高地估计了我们的实力之外，还大量地浪费了我们的资金和人力、物力；最后迫不得已，在经营一段时间后，我们关闭了其中的一个培训班，从另一个培训班一点点积累开始做起的。

我简单说一下我自己的定位。早期我们做两个培训班，哈尔滨香坊培训班针对目标人群是附近辐射范围内的三所小学；而哈尔滨南岗培训班针对的是周边辐射的两所初中。但是，我们的香坊培训班选址出了一些问题，选择了一套商住两用楼的 5 层。我们知道，培训班除了在写字楼和商业中心外，大多都选择在 4 层以下并且临街，而我们的 5 楼还是在一个高档小区里。如果做社区店的话，那与我们对自己的辐射范围周边三所小学的定位很不相符，所以在选址上就与自己的定位相悖，这也是这个培训班不成功的首要因素。由此可以看出定位与选址的相关性和重要性，并且还是那句话，初期一定要控制规模。

而相比较而言，哈尔滨南岗培训班的选址就比较成功。除了周边能够辐射到的两所著名初中外，还有三所比较不错的小学；另外，我们本身就位于一个高档小区内，周边还有另一个市中心的高档小区，既辐射了周边学校，又能做成社区店，真的是再合适不过的选择了。而我最早的一个忠实客户，后期帮我组建了几个小班，就是在我们培训班对面的小学上学，又住在旁边的高档小区里，这也为我带来了实际意义上的第一个生源。

所以，做好你自己的定位，在相应基础上一定要控制规模和成本，这是我们初创培训班时要注意的重中之重。

总结：初创培训班不要着急做大做强，要根据自己的实际定位，来选择相应的地址，这也能够为你带来第一批生源。在这里，选址前的定

位大致可以分为三种：项目定位、资金定位、发展定位。不论你是否有足够的资金支撑自己的创业，我们都要控制初期的规模和成本预算，不要为了做大而做大，跟着教育培训行业的整体规律走。最后，一定要切记，初创培训班要控制规模和成本。

● 3.2　合理规划选址

下面进入我们本章的核心板块——选址。

首先分享一些选址的小贴士。

3.2.1　选址小贴士

① 我们开办教育培训班时，人流量是我们选址时的重要参考。

简单来说，人流量较大会对我们的培训班起到一定的宣传作用，直接到店的人数会有所增加；周边便捷的交通出行是另一个加持点。所以，足够大的人流量和便捷的交通应该是我们最优先考虑的。

我们可以开在一些小区周边或培训班集中的地区。一个很好的案例是：肯德基和麦当劳经常开在相邻的位置。此二者的成功案例告诉我们许多商业技巧。选择了人流量大的、交通便捷的、附近有其他行业内培训班的地址，那么人流量会自然而然地由小变大。

② 培训班选址时应该注重门店朝向的区位位置。

区位位置一方面是指我们的培训班所在地是否是繁华街道；另一方面，指培训班地址与周边的住宅区或者交通的主干道的距离是多少；第三个方面是指一些特定的位置，比如十字路口或者学校门口等。学校周边也是选址时重要的考量地点之一。

③培训班选址时要看门店所在地点的公共交通设置的情况以及路况。

路况具体是指道路是大道还是小街道、平时的路况是否拥挤以及是否有施工情况和交通管制等情况，这些都会影响我们的选址。试想，道路拥挤的路段，再加上不好停车，是否会让很多家长放弃到你的培训班上课呢？

④培训班选址时要注意门店的设施结构以及是否能够被看见。

还要看有没有城建规划等方面的限制，比如选址处的水电、暖气和下水等条件的限制；比如有的城市冬季需要暖气，而你所选的教室是否有暖气设置就需要仔细甄别。

在选址之前，我们首先要做好准备工作。购买一本当地的地图，提前分析好街道布局（当然，现在手机比较便利，也可以用手机地图软件），调查本地的同品类培训班以及你所面向的客户群体的小学、初中、高中等地址并在地图上标注。

由此我们可以总结出，适合办学的区域大致有几个特征：交通便利的中小学周边或居民区的周边；培训班集中的场所；本地的一些知名高校周边；部分商圈周边。

3.2.2　房产特征

那么适合办学的房产，有哪些基本特征呢？

①交通便利。地点周边交通出行方便，有公交和地铁站；道路宽敞、人流量大；方便车辆停靠；有可用的停车场地且收费合理。

②环境良好。附近整体环境良好，没有喧嚣场所；附近最好是便于寻找的区域；房子不能过于陈旧，通风状况应良好，这一点比较重要，因为教室是人流密集场所，要保证有良好的通风；有足够的位置放置培

训班的牌匾；附近或楼内无网吧、KTV、餐饮等业主或租户；楼梯最好不要过于窄小，要能保证发生意外时人流的安全通行；如果不是写字楼的话，选址最好不要高于 4 层，如果在写字楼且高于 4 层，就需要提前观察大厦的电梯是否有足够的承载能力和高峰期的等待时间，因为据我观察，很多写字楼大厦的电梯系统都存在很多问题，很难保障高峰期的载客量。

③ 证件齐全。一些房屋必备的相关证件，要与房主核对清楚；房屋的用途应该有办公的选择项，否则是不能用作教室和办公室的；房产证有没有被抵押的现象。

④ 符合办学适用性。使用面积为 200 ～ 300 平方米，最好在 300 平方米左右，便于合理分配教学区域；单间教室面积 25 ～ 35 平方米；洗手间要设置稍大一些；上课时间教室内一般要开放空调。

根据以上一些关于选址的小贴士和适合房产的特征，我们将选址的类型大致分为三大类，分别是：**学校周边的门市房**；**高档小区社区店**；**培训班集中区域的写字楼**。这里，如果作为 K12 领域的初创培训班，即使资金能够得到充分的支持，我仍然不建议大家在选址时入住商圈或商场，因为这样其实并不利于我们的前期引流，并且还是那个原因——规模成本稍高。当然，后续在其他地方开班可以考虑。

3.2.3　学校周边的门市房

选取学校周边的门市房这一类房产，目标用户显然是培训班所在地能够辐射的几所学校里的学生，以便获得最大的曝光度和最低的获客成本。针对这一类型的商铺，我建议比较合适的选择当然是临街的商铺，就在目标学校能够辐射到的几条街上。门市房最好能够与附近的商住两用楼相结合使用，即门市房可以作为一个接待室和咨询室，将教室放在相邻的商住两用楼的 2 ~ 4 层，这样的接待室前期可以面积不用太大。

位置的选取可以用地图来查找。在地图上标出所有小初高（即小学和初、高中）学校的位置，找出一些目标学校的区位，从而规划出几条适合你的产品和品类推广的学校街道，在这些地方来查找房源信息。

遵循这样的基本步骤，总会找到合适的房源。当然，也要调查好目标学校周边的同类培训班，包括其品类和规模以及生源质量都是你要考察的方面。

如果能选在某一所目标学校所在的街道旁边或对面固然好，但这样的位置一定会有相应规模的培训班办学。所以我们不妨考虑在某两所目标学校之间，选取一个居中的范围，在这一区位内考虑能够辐射到两所甚至更多周边学校的地点，进行办学。

特别要指出的是，面对初、高中学校，甚至包括小学，我的建议是选址最好在培训班所在城市办学质量最好的几所学校的周边，在这些地方进行选择。一方面好学校的周边设施一般会比较齐全，学生来回出行会很方便；另一方面也能够为培训班办学提供最优的生源质量，对于以培优班和提高班为主的品类和产品，有助于打响培训班的第一枪。第一批学生成绩有保障的话，会为随后的续班、扩科、转介绍带来不小的帮助。

我们在选取自己的培训班地址时，也用到了这样的方法。我们的哈尔滨南岗培训班在选址时，就综合考虑了我们的品类和目标用户，选取了哈尔滨市两所比较知名的公立初中学校都能够辐射到的区域。同时，这个区域对面就是一所知名的小学，另外也能够辐射到两所本地知名的小学，这为我们的英语品类的课程，从小学到初中都提供了可靠的优质生源基础。也是我们在最初选取这一地点的又一个依据。

另外，培训班本身处在几所名校之间，又是市中心主干道的辅道，交通便捷，出行方便。自培训班门前行百米即可到达最近的公交车站，地铁沿线也正在建设中，可以说是一个较为理想的位置。

教室方面，一楼的门市房即为接待室和咨询区。这片区域面积并不太大，主要作用是告知附近的学生与家长，这里有一家教育培训班；并且，我们可以在这里接待来访的家长以及我们的目标用户，并在此完成课程咨询以及报名缴费的过程。我们另外还设置了一间小型的休息室，家长也可以选择在学生上课时来此休息等待，并且一同租下了同一栋楼的二楼作为我们的教室和办公室使用。这样，我们既有了一楼的门市商铺，又有了成本较低的教室和办公室，这对于我们初创的中小培训班来说，也是一个能够控制成本、节省经费的选址方式。

当然，如果有合适的门市房，既能用作咨询接待，又有足够的空间装修教室，在预算和价格合理的情况下，我们也可以直接选择这样的门市房和商铺，也省去了再找商住两用楼 2 ～ 4 楼做教室的麻烦。不过，还是要遵循控制成本和规模的原则，这是我们中小培训班运营不变的原则，即使你有足够的资金支持。

3.2.4　高档小区社区店

在选址时，除了学校周边的区域，我个人最推崇的另一种模式就是社区店。尤其是面向中高档小区开设的社区店。

社区店，顾名思义，就是开在一个社区里或几个中高档社区旁边，针对附近社区的学生群体服务的社区培训班。

社区培训班在区位上是有一定优势的，包括我们所说的服务优势、方便家长接送孩子的优势等。而家长在教育孩子上的一些问题，其实也在一定程度上可以被社区培训班解决。

各种 K12 培训班解决的无非就是家长们不会辅导孩子的问题，而我们的社区培训班除了应能够解决教学的问题，还应在"没时间""管不了""不想管"等问题上给家长们提供完美的解决方案。

先说"没时间"的问题。目前在教育培训行业里，中小学晚托管市场已经逐渐发展起来，并且慢慢往规范化发展。小学阶段是托管的成熟市场，下午三点多基本上小学就放学了，而这时大多数父母还都在上班，孩子放学后接送和时间管理方面，都是个难题。我个人不认为上一辈的老人们都有足够精力接送孩子，所以很多家长也都会选择学校周边的一些托管班，来填补学生放学和自己下班之间的时间差。

目前的托管班大多运营方式都比较原始，尤其在哈尔滨市区内，很多托管班设施很简陋，环境不是很好，而且看护及辅导功能较多，教学功能较少，未来的托管班里加设更多的兴趣课甚至 K12 文化课辅导应该是必然的趋势。如果我们的社区培训班能够将小学和初中的托管加入培训班课程体系中，将会给家长带来更多的便利，大大减轻家长接送孩子的负担。

再说"管不了"的问题。很多孩子与自己父母在学习问题上沟通不畅，老师作为学习方面的载体出现，相较于父母更能在这方面与学生进行沟通。但是目前老师和学生交流的场景基本都在课堂上，课后与学生的交流机会并不太多，因为我们课后服务其实与家长交流更多。而社区培训班的优势在于，因为离学生住址比较近的缘故，学生会在课前与课后多出一点时间留在教室，这也给老师和学生的交流提供了另一个场景。

很多培训班平时晚上都会有教室空置的状况出现，而作为社区培训班，这方面有很大的优势，其实可以拿出空置的教室，直接给高年级的社区周边的学生提供一个自习场地。这也在一定程度上可以帮助家长在下课后管理并照顾学生。

最后说说家长们"不想管"的问题。很多家长都有这样一个错误的认知，认为学生到了高年级，就有自制力了，也就能够自由支配和管理自己的时间了，而家长们觉得自己没有必要再管理学生，并且学生也不需要他们监督管理了。这个想法是非常错误的。我自己见过太多的学生，即使在高年级也并不具备时间规划和管理的能力，无论老师课上讲得多好，自己课后完成的情况仍然不好。家长们也总觉得自己的能力已经不能为孩子们在高中阶段的学习提供帮助了，因此也不太想管理学生的学习问题，就全盘交给了学校和培训班。

基于上述原因，我们的社区培训班还可以开设针对附近社区的托管班服务。我认为这也是教育培训行业的一个趋势，将托管与 K12 教育培训班相融合，扎根于社区，实现互相引流的效果，同时也为社区里的家长提供了便利。

基于以上的分析，我们的社区培训班的区位可以选择在中高档社区里的门市房以及 2 ~ 4 层的商住两用楼里。当然，基于社区房源租金相比临街门市便宜不少的情况，我们可以不必像学校周边门市房那样选择临街商铺＋二楼教室的模式，直接寻找目标小区里的一楼门市或 2 ~ 4 层楼房均可，面积上也要达到 300 平方米左右的标准。

对于社区的选择，我们还是要实地进行细致的考察，包括小区的车辆保有量和档次、周边的环境等来判断小区整体的消费水平，选择适合有学生的一家三口居住的小区，当然也要考虑周边是否有学校。可以实地考察一下：一个小区早上有多少学生上学以及晚上有多少人回家，有多少家的灯是亮着的。但我的建议是小区要有足够的生源，根基还是周边有适合的学校。

还拿我自己的培训班作例子来说明。培训班除了遵循了门市＋二楼的模式以外，也算是一家社区培训班。因为我们的门市属于在街面上的，所处的街区位于城市主干道的辅路，而二楼的教室则正好位于临街的小区里。周边除了我们所在的小区，还有两个中高档小区以及附近的民宅街区，而这里面有大量的附近学校的学生在此居住。这让我们除了拥有学校周边的优势外，更加拥有了社区培训班的几大优势，能够为附近社区里的学生提供最便捷的教学服务。最近，我和Candy老师也在研究关于推出初中晚辅导这一项目的具体策略，过段时间我们就会推出针对附近社区学生的初中晚辅导课堂。

这种社区店或者说社区培训班也是我们中小初创培训班发展起步可以考虑的一种模式。当然，社区培训班只是传统培训班的另一种体现模式，不是仅为了小成本经营而作出的考虑。

另外，作为在线教育模式的线下版本，双师课堂也是比较适合应用在社区培训班的一种上课场景模式。我个人认为，其实社区培训班才是双师课堂更好的推广应用的场景。毕竟双师课堂作为新兴的教育产品，在较为不发达地区家长的意识普遍稍显落后的情况下，也不一定能够顺利推广，反倒是社区培训班辐射的家长们普遍素质高、观念新，并且由于有适合的推广场景，也易于接受这样的方式。所以，双师课堂作为教学和管理分别进行的模式，与社区培训班注重管理的理念比较相符。也为我们的社区培训班增加了又一种有意思的方式。

3.2.5　培训班集中区域的写字楼

除了以上两种方式，我们还可以选择教育培训行业集中的写字楼来作为我们的办学地点。

对于一线、二线城市，我建议可以考虑写字楼，而三线、四线城市最好不要去写字楼，因为很多三、四线城市在写字楼办培训班，可能人们还不太习惯甚至于找不到地方。如果你在三线城市没有合适的地方，只能去写字楼，那么我建议做一个测试：打电话给一个没去过这个地方的人，看他能不能找到。他如果直接能找到就说明这个地点可以接受；如果还需要再次打电话确认，就说明这个地点不可行。

我们回归正题。你所在的城市里，肯定有一些这样的区域，例如"××商品一条街"。教育培训行业也不例外。一定会有一些这样的区域，培训班比较集中，整条街或者整个区域都是，这样就比较符合学校周边或社区培训班。当然，也有整个写字楼都被培训班扎堆包围的现象。这其实不难解释，整个行业培训班在一个区域形成了规模，也方便了附近或想到这一区域补课的学生。

以我比较了解的哈尔滨市场为例，培训班扎堆的写字楼里，位于著名的哈尔滨工业大学（简称"哈工大"）周边的就有不少，另一端的学府路同样有不少教育培训业的写字楼，而这个区域也是因为有很多学校而得名学府路。

以我们培训班周边的一座大厦写字楼举例，这栋名为恒运大厦的写字楼离我们培训班大概 3 ～ 4 个街区的距离，同样是辐射周边的三所小学和两所初中。在这栋写字楼里有很多培训班，包括 K12 领域的培训班、留学培训班、外语培训类培训班以及托管班等。其中，目前为止我见过的哈尔滨最专业、环境最好的小学托管班就位于这栋写字楼里，该托管班的办学理念就是基于托管班的基础，增加兴趣课与文化课的产品体系，因此做得风生水起。

对于写字楼的面积选择，我个人认为初创培训班应遵循 300 平方米左右的硬性指标，如果选择了写字楼，也是同样要切记我们的原则——控制规模与成本。如果写字楼足够大，就不必非要租下整个一层或几层，能够满足我们的办学要求的面积即可。当然，后期发展顺利的话，我们也可以扩大规模，但是初创阶段一定不要多花冤枉钱。这是我们通过自己的教训要告诫大家的。

当然，写字楼如果能够给培训班一个广告位是最好的，如果不行，那就别强求。能够在一楼大厅有明确的标识，告知家长和学生我们培训班的楼层和位置即可。

3.2.6 注意事项

另外，我们在选址时有几点要注意的问题。

➢　要选在周边环境安静的地区，附近不要有娱乐场所。一方面，学生家长对这些地方不认可；另一方面，喧嚣声也会影响学生上课。

➢　要排除有消防隐患和拥挤等安全问题的房屋。尤其是现在非常关注的消防安全；另外，还要注意楼梯的宽敞度和双通道出口等问题。

➢　签房租约时间太短的不要考虑。教育不是一个能够量化结果的产业，要做好打持久战的准备，不要经常换办学地点。所以租房签约时至少要签五年或更多。

➢　装修要有特色，不一定要高端，但要体现出宽敞明亮的特点。

既然说到了装修，那我们就来系统地谈一谈培训班如何装修。

• 3.3　如何做好装修

每一个培训班都应该根据自己的特色选择装修风格，我这里说的是 K12 领域一些普遍的标准设置。作为初创培训班可以参考，适当减少不必要的装修，后期可以再做进一步完善。我们主要从以下几个方面谈一谈装修：功能设计、家具设计、学校颜色及其他的设置。

3.3.1　功能设计

一个普遍意义下的标准培训班，要有以下的区域设置。

① 接待厅约 40 平方米，包含以下设置。

前台至少要有 3 个人办公的位置和 3 台电脑；墙壁安装培训班的标识，并要安装射灯照亮墙面；可在适当位置安装一台电视；可供 8 ～ 10 人休息的简单沙发休息区；接待大厅的材料应该颜色新鲜，灯光设计以暖光灯和射灯为主；可以放置展示柜和书柜，安排在前台侧面较醒目的位置，便于培训班的教材、宣传单、小商品以及给同学们兑换的奖品等物品的展示；前台标识墙前面可以有一排柜子，便于放置文件夹和打印机等设施，可自行随意安排。

② 教室：关于培训班的教室建议还是根据培训班主做的班型来设置，大体上可以按照两种标准设置。

大教室的面积为 30 平方米左右，可容纳最多 30 人，最好的效果是新东方和学而思都在用的长 7 米、宽 5 米的 35 平方米教室。这种设置可以在教室的后边留一排椅子，方便有时家长、其他老师和校长进行旁听。教室里有窗户是最好的；没有窗户时，就在走廊这一侧设置玻璃墙。为了不影响老师上课和学生听课，教室的门应设置在窗户对面一侧的后面，方便大家的进出。

小教室的面积可选 20 平方米左右，最多可容纳 20 人。当然，教室不一定要坐满，这里指的都是最大容量。尽量保证每个教室都有窗户和自然采光，如果受限于场地原因，也可在教室和走廊的这面墙上装几块玻璃，会给人一种开阔的感觉。我自己培训班的几间教室也是这么设置的。

关于培训班拥有多少个教室比较合适的问题，我大致认为，一个培训班的教室应有 8 ～ 10 个，小培训班的教室应有 5 ～ 8 个。不过作为初创培训班其实不必设置这么多教室，根据我们自己的选址房产特点，规划出足够用的教室数量即可，后期人数增多有扩充店面的需求时，可以考虑增加。还是要切记，初创培训班要尽量控制规模和成本。

③ 办公室的设置。

老师的办公室可以考虑开放式的设置，面积在 30 平方米左右，能保证老师们完成基本的上课用品领取和课前准备的工作即可；另外，需要单独设置校长办公室和财务室。初创时期培训班不必考虑其他设置，后期发展阶段可以考虑为市场部和教务部等设立单独办公室。校长办公室应该离前台比较近，方便校长处理一些事务以及前台人员的信息传达。如果有条件的情况下可以安排一个小型的茶水区，供大家休息使用。

另外，我在哈工大攻读 MBA 期间，发现哈工大的风格是，在走廊和宽阔的平台里摆放桌子和椅子，方便大家随时随地交流。在培训班里，条件允许的情况下也可以放置几张桌子和椅子，让大家有一个随时交流想法的空间。

④ 其他设置。

其他设置中包括要有个小型储物间，用于存放杂物和文具以及书和宣传品等，位置因需要而定。有条件的情况下，卫生间也要多设置几个，让大家使用起来方便一些，不至于排队。

3.3.2　家具设计

① 门的设计。培训班入口大门：一般的培训班都会用钢化的玻璃门，我认为是可以的；门的设置应该是越大越好，学生和家长会感觉比较宽敞明亮。

培训班内的门：教室门，一般是白色门带有玻璃窗；办公室的门，也是白色门，但是要带有磨砂玻璃窗；储存室就是简单的白色门即可。我个人认为门的设计应该以简洁为主，我们培训班用白色门比较适合。

② 前台。前台要根据具体的需求来选，直线的或者稍微有些弧形都可以，应该有防火板的设置；电脑要选用一体机，现在一般的办公电脑都是这种节省空间的机型，客户和前台人员面对面交流起来比较方便；抽屉注意要上锁；前台前面要设有座椅，让咨询的家长有地方可坐。

③ 教师办公室。教师的办公台可自制或购买成品均可；同时要有一定数目的柜子，方便老师们放置个人物品以及教学用的讲义和教材等。

④ 存储室。要配置齐全防火设备，并有足够多的存放物品的柜子。

⑤ 教室。教室里的桌椅是主要物品。很多培训班都会用单人单桌的设置。我了解到新东方的情况：大多采用的是联排的桌椅，两个、三个、四个一排的都有。我个人创业早期也购买过一些两个或三个一排的桌椅。经过实际操作，我个人比较推崇单人单桌的桌椅，原因有二：其一是搬家方便。如果后续我们培训班有搬迁的可能，那么新教室的设置现在还是未知数，没办法具体量化，而单人单桌不会出现摆放的问题，联排桌椅到时有用不上的可能。其二是老师走动方便。老师在课堂上要看到每个学生的学习情况，联排桌椅如果过长，超过两个位置的就会妨碍老师的观察。

现在的培训班大多采用白板，书写方便易擦拭，也省去了粉笔烧手的困扰；有些教室也要安装多媒体设备。

3.3.3　学校颜色

主体颜色还需要根据你自己培训班的 LOGO（商标）整体风格予以考虑。这里说的是办公区域可以参考的颜色设置以及培训班用什么颜色比较合适。

墙面，大体可以有四种颜色参考：**黄色、蓝色、砂色、白色**。这些颜色可自由搭配使用，大致上培训班用这些颜色是比较合适的。当然，以上颜色仅供参考，也可以自由搭配但最好不要用太鲜艳的颜色，淡雅的颜色与我们的行业比较贴合。

地板方面，接待室可以用白色玻化砖，其余可采用复合地板。

3.3.4　其他设置

办公桌椅自行采购即可，但是要确认好样品。教室和办公室都要有一块白板,写一些通知信息等;接待大厅要设置一块较大的白板,以便出入大厅的人们可以清楚地看到通知信息。垃圾桶也是每一个办公区域的标配。教室里除了要配备多媒体设备外,还应该安装监控设备或系统,并在大厅或休息室安装监控电视,以便家长能够实时、方便地观察学生的学习状况与老师的讲课状态。

第 4 章

——

培训班运营
之招生

生源是我们中小培训班生存下去的重中之重，也是培训班日常工作中的主要组成部分。常用的招生方式包括做活动招生、地堆招生、体验课招生、口碑转介绍等方式。而互联网作为目前不可缺少的一部分，也正在以各种方式进入教育培训行业。除了传统的招生方式以外，基于互联网场景下的招生已经在行业内普遍使用，包括线上的活动、新媒体的运营、家长微信群的运营以及群内的体验课等。所有的动作都指向了我们最后的目标——招生。

微信社群作为家长与培训班沟通的重要载体，也承担着最为重要的招生手段。如何合理、熟练地运营家长微信群将是招生的关键。

● 4.1 拆解招生活动方案

如果让我们选择做培训班，最重要的一个环节是什么，可能会有一些不同的答案。但是就我个人的看法，最重要的一环当然就是招生，即我们的生源从何而来。这是我们活下去的重中之重，尤其是对于初创的培训班而言，生源的获取更加重要。你只有在获取了第一批生源的情况下，所有的运营、教学、教研等才能派上用场。所以这一章我们重点来说一说招生。

说到招生就免不了要做一些线下活动。我首先从活动入手，给招生的活动方案归一归类，让我们更加清楚地了解如何来做线下活动。

4.1.1 招生活动方案的分类

培训班做活动方案，也是要根据一些特定的日期来做，这里我按照日期将活动分为几类。

➤ **法定节假日**：这是我们都比较熟悉的国家法定节假日，主要包括元旦、春节、清明节、五一劳动节、端午节、中秋节以及国庆节。

➤ **传统节假日**：除了法定假日外，还有一些国内外的传统节假日，也是我们做活动的好日期，包括元宵节、母亲节、儿童节、父亲节、感恩节、冬至以及圣诞节等节日。

➢ **特色日期**：除了上述节假日，还有一些是我们可以做活动的时候，比较有教育行业特色，包括但不限于校庆、亲子、夏令营、生日会以及"双11""双12"等一些具有特色且可以加以利用的日期。

那么，我们从以上这3个方面，作为一个整体来考量，具体看一下培训班在这样的日子里，活动方案是如何设置的。同时也可以为我们后续自己安排线下活动提供一个参考。

4.1.2　招生分类方案的准备阶段

制订全年活动计划：要在年初制订工作计划时，就把一个年度准备做的活动大致安排一下，并制作成表格，做到心中有数。

① 明确活动需求目标。首先就要对我们的家长群体进行一些分类，分别对各类型家长进行需求分析。对于不同类型的家长，其实要有不同类型的活动来吸引他们。例如，春季学期的端午节，侧重于教学的展示和下一期续班；秋季学期开学的教师节，应该以宣传招生为主。各个时间段里不同的阶段性任务，需要做的活动策划也会不一样，要尽早地规划好。

② 明确活动的主题。任何一个节日活动，一定要有明确又能够打动家长的主题，主题之间要有连续性。比如我们做了一个活动，家长们反响热烈，之后我们应该顺势趁热打铁，进一步加强活动。正确的做法就是，三四个活动连续做，从多个角度延续活动的宣传，突出主题，引起关注度。

4.1.3　招生分类方案的策划阶段

做好了相应的准备之后，就要操作每一个方案的策划了。我们之前说了，全年的活动都是提前计划好的，具体到每一场活动的策划都是提前准备好的，不应该临时抱佛脚。具体有几个问题需要注意一下。

➤ **活动的合作**。一般情况下，我们培训班的活动大致上都是自己来做，这样会方便我们根据目标客户的特性进行针对性的设计。也有很多时候，一些培训班愿意寻求一些合作的活动。这种情况下，我们一般要寻找与我们培训班的用户相关联的一些产业和平台来进行合作。

➤ **活动的吸引力**。好的活动一定是具有吸引力的，能够让用户群体产生兴趣和对我们培训班的关注，并能引导一部分人成为培训班的目标客户。有很多线下活动是我们培训班能经常组织的，最简单的像背单词大赛等。除了线下活动外，还可以选择制作一些线上传播的方式和渠道，来获取流量。关于这一点，后文中我会作详细说明。

➤ **活动的传播**。在活动的各个时间段，都要进行活动的有效传播。一般活动从不同的阶段来看，包括前期、进行期与后期，每一个阶段都要进行不同渠道的传播，每一个阶段的切入点也会不一样。在这个新媒体风靡的时代，每个人都是一个传播节点，有着跟自己年纪和兴趣相近的圈子，最终会呈现一个裂变式的爆发。传播的方式一般要结合朋友圈的发送，形成有效的裂变。

4.1.4　招生分类方案的执行阶段

➤ **明确任务**。制作一个活动相关选项的表格，将任务拆解并确定时间点和负责人，使相关负责人明确整个活动的流程和自己的职责所在，以便全面统筹整个活动的进行，明确各自的任务。

➤ **让家长参与筹备**。邀请家长参与活动的筹备和执行流程。这样做的目的是能够让家长有体验培训班活动组织的机会，并且也会让我们在人力方面得到有效的支持。当然，可以适度地给予参与家长们一些小的奖励。

➤ **活动回访**。活动结束后，要同家长进行进一步的交流，将活动的照片发送给家长，家长可能就会自己发一些朋友圈，而我们培训班也要在朋友圈上适当地发布一些照片，这样引发朋友圈互动与二次传播。

4.1.5 招生分类方案的复盘阶段

活动结束以后，培训班内部应该开会讨论并对活动进行复盘。没必要的环节要进行删减，不好之处要进行改正，提高后期活动的效率。我们要牢记活动运营的三个大的原则：用户至上、目的导向、效率优先。

• 4.2 招生案例解析

如何选择适合我们初创培训班自己的招生方式，也是我们要注意的重要一环。根据我们以往的经验和教训，我大致将招生的具体方式方法分为以下 10 个方面。我会选取其中几个方面来简单解析，另外一些常用的法则会在下一节具体解说。

10 个方面大致为：公开课招生、地堆招生、借力招生、大赛招生、宣传策略招生、读书角招生、家长会招生、免费体验课招生、老带新（转介绍招生）以及讲座招生。

除了这些方式方法以外，还有针对线上的一系列互联网招生的方式。

下面，我们就以读书角招生和免费体验课招生为例，结合我们实际遇到的问题，解析一下这两个方案活动实施的流程和可操作性。这两个方案的实施都是以小学低年级为目标用户群体的。

4.2.1 读书角招生案例解析

很多培训班都会设置读书角的区域。可能对于初创培训班，你觉得读书角的设置太过奢侈，其实则不然。只需要几个书架，教室都是现成的，可以将书架放置在教室拐角处或者教室的后面，这样就可以形成一个读书角。我建议我们所有的培训班都可以建立这样的读书角，不仅可以给培训班的学员提供读书的场所，也可以用来招生引流。

简单举例说，我以前在一家本地的公益少儿学习培训班有过学习的经历，他们就举办过捐书的活动。每个孩子只要向图书角捐献一本书，就可以获得免费在培训班读书角看书的机会。每个捐书的学生，我们都可以登记他们的信息，为我们培训班后续招生的资源做储备。举办类似这样的活动，既能培养学生的阅读习惯，也能为自己后续招生做储备，如果在有课的时候，能够有未报名我们课程的学生来读书，那么也是对我们培训班和课程的一次宣传。不过这一点主要是基于培训班地址附近的学生。

在获取了家长的信息后，后期的转化是关键点。那么在读书角的设置上，就一定要有吸引家长和学生的点在里面。可以根据以下几点建议来设置读书角。

（1）精选书籍

我们选取的书籍，一定是要精挑细选的。怎么挑选图书呢？可以根据网络上的一些推荐；可以参考一些读书类的公众号，里面会推荐一些相应的书单；另外，也可以看各大图书网站的排行榜，选取排名靠前的书籍；还可以前期对我们的学生做些小调查，选一些他们爱看的书籍。这样的书单基本上就会囊括家长和学生喜欢的书籍。

（2）提高吸引力

除了读书本身的兴趣点，培训班还应该从读书角的外部配置上提高吸引力，比如说，可以在读书角配备一些点读笔等设备。这些设备不仅可以学习英语，也能够进行录音回放，帮助低年级的孩子们阅读和复习，提升吸引力。这种学习和阅读的方式，能够帮助低年级的学生提高阅读的兴趣。

（3）举办趣味阅读活动

可以让学生把书读一遍，然后提出一些关于这本书的趣味性问题等，简单、易操作即可，以提升学生的阅读兴趣。

读书角或者说读书俱乐部这种形式的设置，满足了家长们的普遍需求。这种活动形式也让家长更容易接受，让家长们省去了去图书馆的路程，也不再需要单独拿出大量时间陪孩子读书，更不需要自己购买大量书籍了，很大程度上减轻了家长的负担。我们培训班能够通过这一类活动，获得一定的家长流量。在积累到一定的目标客户后，如何将读书角的学生转化到培训班里上课就是我们要做的事情了。

简单来说，可以分为以下两个步骤。

① 向家长报告阅读情况。我们会通过登记的信息，了解到家长们的联系方式。这样我们就可以定期把学生读书的情况总结并告诉家长，比如学生在一个月内读了几本书、都是什么类型的书等情况。长期且有效地进行互动，也是我们与家长的情感账户的储值过程，也让家长有更大的信心把学生送到我们培训班来读书，后续的转化也就水到渠成。

② 建立学生的阅读档案。就像我们上一条说的那样，及时向家长反馈孩子的读书情况，而这个具体情况就需要我们建立一个学生的阅读档案，完整记录每一位学生都看过哪些书、书的品类等信息以及学生在读书过程中遇到的问题。这样总结出来形成的档案，给家长反馈时能让家长看到孩子一些改变，能够发现学生的兴趣点所在；这样的档案同时也为我们后续推荐自己培训班的课程做参考。

在此基础上，我们再将合适的课程介绍给家长们就不会有障碍了。家长自己也愿意把孩子身边的一些朋友和同学介绍过来一起参与这个活动，起到了积累客户的作用。

4.2.2　免费体验课招生案例解析

免费的体验课，相信大家都知道这是引流的一种方式，但是为什么别人做得很好，而为什么你自己操作起来却总是不太理想呢？一个关键的问题，就是这个体验课程如何去设计。这里我选取了之前在一家培训班观察到的一个方法，将免费的体验课设计为 6 次课，我们来解析一下这样做的目的以及效果。

这个项目的开课时间，比如安排在六月中下旬或者七月初，因为这个时间段，如果学生们参加了你的体验课，6 次课结束已经七月中旬了；若他们不选择在你的培训班继续学习，转而去别的培训班时他们会发现，这一期的课程已经落下了不少。因为这个原因，学生只能选择在你的培训班续费报名，这也是这个方案的一个核心点。

可以说，通过这 6 次课的讲授，如果课程设计得十分合理，基本上就能够实现我们转化学生的目标了。

关于如何吸引学生报名免费体验课以及其他的常用的招生方式，我们在下一节继续探讨。

• 4.3 常用的招生方式

我们都知道，在初创培训班的经营过程中，生源是重中之重，这也是每个想开办文化学校、教育培训班或补课班的人首先会想到的问题，也是我们不得不去解决的难题。

那么，作为初创的中小培训班，我们有效的招生渠道在哪里呢？

4.3.1 摆点宣传

没错，就是地堆。这也是对于初创小培训班而言最合适的招生手段。

不过这并不像让你发传单那么简单。发传单只是地堆其中的一个环节，绝对不等于就是地堆。我们要将地堆摆点宣传理解为一次现场咨询。咨询的目的也并不是马上要家长报你的课程，而是将其作为一个入口，通过押题卷等方式，去宣传一些试听课或者是微信群，以此来吸引大批的流量。

我们这里要谈的是学校门口摆点，这是学生流量最大、最密集的地方，每次考试和家长会都是必须要去的，开学和放假前的一段时间以及上下学的半小时也要去。

有几个问题是一定要注意的。

① 一定要显得比较专业。

我们经常看到：校门口一群大爷大妈拿着各种各样的传单，来一个家长塞一份，再来一个又塞一份，脾气好的家长拿着也就走了，脾气不好的总要抱怨几句，甚至拿完传单转身就扔了。所以说发传单其实是一个相对低端的市场行为，无形中降低了地堆人员的地位，抬高了家长的位置。这时候如果你还不能尽量显得专业一些，还是找一些大爷大妈大声嚷嚷，向家长口袋里塞传单，作为毫无名气的小培训班，你的招生转化率一定是非常低的。

怎么显得专业呢？我们平时的做法是这样的。

每一次地堆，不论是家长会还是平时放学，我们都会尽量多安排一些人手过去，只需几个人即可。可以在家长会等大型活动时，找几个发单员，但一定要有自己的工作人员，因为发单员负责拉人来，咨询的事是要我们培训班自己做的。而只有一个咨询人员，介绍家长根本不熟悉的培训班和课程，大概率会引起家长的戒备之心，但是人多一些的话，家长的戒备会减少一些，大家在介绍课程时还可以用话术互补。

还要带好充足的物料：桌子、椅子、展架等都要准备好。本身没有大品牌做背书，我们就更要提高自己的服务意识。展架要尽量标题突出，能够吸引家长在看到展示几秒钟之内，有兴趣继续看下去。

如果条件允许，可以给我们的地堆人员配备统一的工作服，一件 T 恤即可，印有培训班的 LOGO，还是同样的道理——显得专业。

② 传单的制作。

传单虽小，但涵盖的内容却很多。我看到过太多的培训班的传单，自认为做得精美漂亮，但还是被家长随手扔了一地。为什么？

我们做过调查：每张传单在家长眼里停留的时间大概也就在 5 秒左

右，这么短的时间，什么能吸引到家长的注意力？简单的标题！我们只有找到一个关注点，起一个醒目的标题，才能让家长产生兴趣，从而才会有进一步沟通的意愿。

而市场上出现的大部分传单，都反映了这些培训中心的无限的"自恋"状态：大段的文字介绍、老师的大幅特写，还有大篇幅的高分学生名单等。普通家长一定不会关心别人家孩子得了多少分，更何况我们自己心里都清楚，名单的真实性都有待考证。这些无用信息通通不要出现在传单上，只要体现你的核心信息即可。有兴趣的人可以去翻一下新东方的传单，有些甚至连价格都没有写，就等着你咨询呢！

我自己在传单上遇到过很多挫折：经常是自己写了大段的文案，感动于自己精彩的文笔，然后发现并没有人看。并不是每个人都有阅读的习惯，大部分人都对大段的文字有抗拒心理，更不要说印在传单上的大段文字了。这一点一定要引以为戒。

③ 地堆人员以女性为主。

换位思考一下，一个陌生男人走过来拿着传单，开始滔滔不绝地讲课程、讲培训班。面对这样的场景，大部分人都会防备心增强。一是想这人要干嘛？二是想这个人真是油嘴滑舌。反之，换成一个陌生女孩，拿着传单滔滔不绝地给你讲产品和课程，你多半会多听两句吧。

当然，并不是说男性咨询人员不好。在后续的服务过程中，男性咨询人员成熟稳重、专业度高的优点会逐步体现出来的。

解决好以上的问题，一步一步做好，就一定会有前来咨询的家长。我们做学校的地堆，目的就是宣传培训班，展示我们的课程，并取得家长的初步信任与联系方式，从而进一步达成招生的目的。

4.3.2 小区宣传

除了学校门口这个流量点，我们还能在哪里找到生源？最好的地点莫过于学生的家门口了！社区的宣传也是另一大流量入口。

放学回来走到家门口，家长们一般不会太赶时间，接受传单和听你讲解的意愿会增大。而且社区店已经越来越成为教育产业链上重要的一环，很多大型培训机构也开始在一些高档社区周围开设专门服务于社区的培训班。

我们作为初创的中小培训班，其实不用考虑进高档社区，只要做好周围的几条街就足够了。找到你培训班所在的街道和两三条临街，调查好附近的住宅小区，每天在学校摆点之后，就可以去一个小区继续摆点做地堆。

同样，做好传单、准备好专业的物料和人员之后，最好再准备一点小赠品。重点介绍自己培训班的位置，因为地点就在学生住处的附近，这样就减少了学生来上课的时间和路程上的成本，这是一个天然的优势所在，把周围的用户服务好，也是我们这类小型培训机构首先生存下来的根本。

这其中还有一点小技巧。

我最早的一个学生，就在我们培训班旁边的小区住。我拜托家长把我拉进了小区业主微信群，在群里对我的课程进行了简单介绍，并且这位学生家长也起了推波助澜的作用。因为这是个比较大的小区，位于市中心，据我观察业主们基本都是步入中年的中产阶层，有不少适龄学生家长，所以后续也吸引了不少来咨询并报名的家长。正是这个契机让我认识了一位对我帮助很大的学生家长，后期她帮助我组建了好几个家长自组小班。这些都是我们创业路上需要积累的资源。

注意，我们不要在群里直接发广告，只要先简单介绍一下即可，最好能有一个你认识的家长在群里，利用自己陪同孩子亲身上课的经历来给业主们讲学习情况和上课形式，效果会更好。

4.3.3　口碑转介绍

通过学校和社区的地堆，我们或许会积累一些生源资料，少部分会转化为我们的学生。这个时候有自己的学生了，就要善于利用口碑转介绍这个技巧了。

生源的转介绍是一个培训班运转良好的体现，是必不可少的一环，也是节省招生成本的一种方法。

除了我们自身做好课上课下的服务以外，真正能够转介绍甚至家长自组成一个班的一定是家长本身。所以，这里我们主要谈一下家长的几种类型以及什么样的家长会给你转介绍。

基于性格因素，我把家长大致分为几种类型。

（1）意见领袖型

这种类型的家长，多数是中产阶层或是企业中高层管理者等，沟通能力强，办事雷厉风行，在家长群体中一般担任组织者的角色。如果能有幸结识几位这样的家长，并且得到他们的认可，生源转介绍就不是大问题了。

我提到的将我拉进社区微信群的那位家长就是这种类型。她最早找到我，就是因为我在她所居住的小区门口贴了张小海报。在物业把海报撕掉之前，她看到了我们的书法课程介绍，联系我之后，因为对我个人比较认可，也是因为离家近，所以打算报班上课。但问题是这个班还没有其他报名的学生，我就试探性地请她问问周围的同学有没有想学这个课程的。第二天，有一个她介绍的家长打来咨询电话；第三天，有两个她介绍的家长放学后直接来到了我的培训班；第四天，一个家长打电话来，说孩子因为写字难看被老师罚站，听说这里的书法课不错……然后这个班就这样组建起来了。

总结：意见领袖型家长，在认可你的课程和服务之后，会主动推荐给身边的家长和同学。

（2）分摊学费型

之所以这么称呼，是因为这种类型的家长一般没有什么主见，经常被其他家长介绍到一些课程里，帮助后者分摊学费。没错，他们是被转介绍来的。

当然，并不是所有被介绍来的家长都是这种情况，我们只讨论分摊学费型的家长。

前面提到的，因为孩子写字难看而被介绍来的那位家长，就属于这一类型。她本身在家长群体里就属于被动选择类型，来我这里学习也确实是想提高孩子的成绩。在学习了书法课程之后，她还扩科报名了新概念英语青少版。但是在学习过程中，我发现她的儿子不是那么聪明，相较于其他的同学接受速度更慢，时间长了已经跟不上班级整体教学进度。特别是有一次，我无意间在附近的小吃街上看到这位家长出摊卖冷面，生意不好过得很不容易，所以我一度打算劝她把学费退掉，因为她儿子已经跟不上教学了。

总结：分摊学费型家长，属于被动接受型，不太会根据孩子的学习情况选择培训班，更不要说转介绍了。而且，更糟的是，孩子如果学不好还有可能影响到培训班自己的口碑。

（3）精打细算型

此种类型的家长，最常做的事就是带孩子听遍能找到的所有免费试听课，至于在不在你这里报名那就不一定了。如果"不幸"你被选中，恭喜你就要开始接受一轮又一轮的砍价、要优惠的请求了。不过，如果用好这一类型的家长，还是会帮助你提高转介绍效率的。

可以确定的是，这一类家长可能不会像意见领袖型家长那样影响一个班级或很多学生。但是，他们通常都会在一个小型的家长圈子里担任主要领导人的角色，能够影响到分摊学费型的家长。既然知道他们会尽可能地要求优惠政策，那么我们就要用好优惠政策。

比如，之前我就遇到过一位这样的家长：在学费确定了的情况下，他主动提议能否多交一期的，两期一起打一个大折扣。我没有直接答应他这个要求，而是转而直接向他提出了由他来组成一个班的要求。当然，回报也是丰厚的，每个由他带来的学生，一期学费的10%留给这个家长作为提成。他欣然同意，并且成功说服了他周围的几个家长，组了一个小培训班。这样算下来他自己的学费相当于打了对折，我也没有花费太大精力开了一期新班。这样的结果就是双赢。

总结：精打细算型家长，要切中他的关注点，给予其学费打折或其他物质上的奖励，以便达成转介绍甚至家长自己组成一个班的目的。

（4）有心无力型

这种类型的家长还是占了多数比例的。如果你的课程做得不错，是会得到大部分家长的认可的，他们也愿意把你的课程推荐给别人，但是他们没有能力说服别人过来试听报名。我把这样的家长叫作有心无力型。

之前我表姐的女儿面临"小升初"（即小学升初中的考试），想来我这里上新概念英语。我当然不能收她的学费，但是也没有精力给她补一对一，所以试探性地希望她能带几个同学来组一个小班即可。她也答应了下来，也想能组一个小培训班。但是宣传了一圈下来，没有一个肯跟她一起学的。理由很常见：别的地方报班了；不打算上这科；孩子学得挺好的。我让她再联系其他班级的家长，得到的答复是一个也不认识。最后还是我另招了个学生，给两个孩子上的一对二的课。

总结：有心无力型家长，虽然认可你的课程，但是在家长群体里不具备影响力，不能有效地形成口碑转介绍。

除了家长转介绍以外，转介绍的形式还有很多，口碑的形成也需要过程，需要我们的沉淀和积累。

4.3.4　线上招生

最有效的招生办法是什么？我的回答很简单——互联网。这也许是这个时代里，最快速最便捷地让你和目标家长建立联系的方式了。以我今年暑期运营的入口年级家长微信群作为参考，我们来具体谈一谈怎么操作这个方法。

在哈尔滨市，"小升初"的考试近年来越来越热，所以小学毕业年级暑期提前学习新初一课程，也成了教育培训行业的热点市场。我们想在其中分一杯羹，但是苦于小培训班没有涉及过这个领域，自然没有生源。苦思冥想数日后，结合我们主做的英语科目，我们确定了两个产品：

➢　新初一英语 0 元班。

➢　新初一英语微课堂。

操作流程是：先宣传新初一英语微课堂，主讲初一英语语法和初中英语学习方法，上课方式是微信群语音，以此为由建立新初一年级的家长和学生的微信群。之后再进一步在群里推广线下的新初一英语 0 元班，免费 10 次课学完初一上册英语教材，进而吸引这一批学生报名我们之后的收费课程，包括初一同步班、专项提高班或新概念英语班。

想法是好的，只是需要一步一步实施。

首先要做这个微信群，就要有一定的人数基础，而我们现在的人数是零。怎么做呢？我们分以下两步来走。第一，在地堆时宣传微课堂，最后确定下来是每周二、四、六在群里免费语音直播。尽量多地加家长们的微信，之后再拉进群里。但是有一个问题是：这样的流量毕竟松散、不集中，学校放学时经常几个年级一起，要逐一询问家长是不是毕业班的，费时费力，而小区摆点想找到毕业班的学生更是要靠运气。

所以有了第二个方法。"小升初"考试当天，是流量集中的最大入口，我们也去重点学校门口摆点，带上全套"装备"，用专业的方式介绍我们的微课堂和 0 元班。但是考试当天，大家都脚步匆忙，直接加群的少之又少，我们又是小培训班，旁边各大培训班都虎视眈眈，也在建立自己的微信群。为了加到更多家长的微信，我走了好几圈各大培训班的摊位，顺利地加入了不少家长群，再通过与一些其他家长聊天，也加入了几个家长群，基本的流量此时才算积累完毕。

接下来该是让这些群里的家长进入我的群了。在其他的群里发布我的二维码，基本上会被群主"秒踢"，可是又不能白白浪费这么多资源。我只想到了一个最笨的方法——逐个加家长微信。

这可是个大工程，接下来差不多一周的时间，我们都在各个群里添加家长。我的方法是写好一段话术，比如，新初一英语微课堂邀请你加入。这样的通过率会比较高。就这样用最笨的方法，我在一周之内加了近400位家长的微信，而且基本都是初一新生的家长，也有少量明年"小升初"的家长（这部分可以做下一年群聊的启动人员）。对于一个小培训班来说，这可以说是一笔巨大的资源了。

当然，过程当中也会有像我一样潜伏在别人微信群里的培训班校长或老师，这只能靠你自己逐个甄别了。

家长的微信有了，但是让他们加入你的微信群又是一个过程。微信默认只能邀请40人建群，超过100人就不能通过扫码进群了，只能通过邀请。在超过100人之后，剩下的300位家长我只能逐个邀请，而这就给了这些家长再一次选择的机会，他们不会像前100位进群的家长一样，可以更简单地实现入群。按照概率来讲，这些人当中只会有不到一半的人会进群。最后果然如此，群聊在人数达到200出头时建立了起来，当然，随着课程的深入，人数还会慢慢增加。

我认为，这对于没有入口年级生源的初创小培训班，是一笔不少的种子生源了。

生源有了，就要开始逐步上课了。按照我们的宣传，在六月初开始，每周二、四、六，Candy老师准时19:30分在微信群里用语音讲课，我们会提前把讲义发送在群里，以方便大家自己打印。"2017级新初一英语微课堂"正式运营了起来。

讲了将近一个月，大家也逐渐熟悉起来，人数也越来越多，有些家长也乐于把我们的微信群介绍给其他家长。我们的课程因此而逐渐得到了认可，是时候把线上的资源转化到线下了，我们开始将新初一英语0元班（简称"0元班"）的课程推向群里。

当然，由于地点的局限性，能够来上0元班的多数是附近的学生，也有想来学习但是报了其他班的，同样也有不花钱来凑热闹的。这种情况没办法避免，家长的素质毕竟也是参差不齐。

最后参加 0 元班的学员达到了 20 多人，转化率接近 10%。这是比较高的了，我的预期是达到 5% 就算胜利了。

十天的 0 元班课程，也并非真的不花钱，每个人要交 10 元的材料费，这是我们确保报名学生一定来上课的小方法。在第一节课之前和最后一节课之后，我们还安排了家长会，分别讲解这次课程的进度以及学完之后每名学员的学习情况。在最后的家长会上，要给大家营造出危机感，让家长们找到自己的关注点，发现学生们的不足，进而报名我们的其他课程。

后续的效果十分不错：有超过一半的学员续班了开学后的同步课程，也有一部分报名了 0 元班结束后开始的音标专项训练营；甚至还有这一批的家长打来电话咨询新概念英语新开班的课程。

总结：充分利用互联网，快速、有效地找准流量入口，配以高质量的课程体系服务，促进后续报班与续班，同时也能给自己的培训班创造良好的口碑。

● 4.4 线上的营销模式

其实不管是做线下的活动，还是地堆发传单或小区发传单，都需要耗费我们大量的精力、人力、物力以及财力。对于我们初创培训班而言，或许没有什么比借助互联网的线上招生来得更快捷和简便了。基于互联网的在线招生其实对于我们来说非常重要，也可以说是未来行业发展的趋势。如何运用好互联网，为教育培训班提供便捷的招生方法和手段，将是我们研究的重要课题。

我们要带着"互联网＋"的思维，放下以前的传统观念和传统营销模式，来重新看待教育培训行业在线招生和在线运营这件事。

4.4.1 线上与线下的营销区别

线上互联网招生的模式，与我们传统的招生模式还是有一些区别的。简单来说，我们线上的营销通常是基于微信平台的营销。同时，线上的招生有以下几个特点：营销成本较低、容易传播、方便互动、突破时间和空间的限制以及一个人可以同时为多个人服务等。但是，这些都不是线上与线下招生方面本质上的区别，这些只是把线下的方式搬到了线上而已。那么，网络招生或者说微营销与传统招生模式有什么本质的区别呢？我们可以从这两个方面来看。

（1）用户接受营销的场景不同

我们通常的网络营销是在微信上进行的，微信是我们的私人领地，我们在微信上默认是与熟人联系的，这是一个熟人空间；同时，这其实也属于一种半开放半私密的领地。我们要在微信这个场景里来营销用户，应该是建立在双方对彼此的认可以及信任的基础之上。而我们如果加了目标用户的微信好友，直接推送广告的话，就会造成用户有一种私人领地被侵占的感觉。

我们的线上营销应该怎么做呢？我们应该做的是朋友圈里的"点赞之交"。你会发现，你的微信里加了这么一类人，由于某些场景而加了这些人的微信，但是之后就没有来往了，虽然没联系，但是还看着他们的朋友圈，觉得好的还会点个赞，就是所谓的点赞之交。这就是我们加了家长的微信以后，需要明确的一种基本思路。

而在线下我们的传统营销是通过迅速拉近与用户的距离，然后介绍产品并持续进行推广。是基于一种陌生的场景与陌生人的交流，本质上与线上营销是不同的。

（2）链接的次数不同

微营销是一种多次的接触。我们加了家长的微信好友，就始终都有营销的机会，是一种长期的服务模式。

传统的营销其实是一次性的接触。如果第一次接触用户对你的课程不感兴趣，之后就基本没有下文了，也就是说，我们要在对方失去耐心之前，把我们的全部课程通过话术向对方表达清楚。所以，鉴于互联网营销的链接次数增多，我们应该以一种长期的服务形式，做到让用户满意，进而实现成交的目的。通过服务做营销，增加"情感账户"的储值。

关于这一块，我们可以利用一个概念来考量，即收益半衰期理论。

这里面有两个概念，收益值和半衰期。收益值是指做一件事会有多大的收获；半衰期是一件事给我们带来的好处能够持续多久。根据这两个维度来拆分，我们发现，我们做的事可以从以下4个角度来看：**高收益值，长半衰期；高收益值，短半衰期；低收益值，长半衰期；低收益值，短半衰期**。

高收益值，长半衰期：比如你遇到了真正的人生伴侣，或者参加了一些课程学到了知识，都属于这一类。

高收益值，短半衰期：当时的收益值高，但是红利期很快就结束了，例如玩游戏、吃大餐等。

低收益值，长半衰期：比如我们背单词或者做好事，可能当时没有回报，但是以后一定会因此受益。

低收益值，短半衰期：没有任何意义的事情。与别人吵架或者自己发呆等。

而微营销其实也就是通过高收益值和长半衰期的服务形式来向我们的目标用户进行营销。我们通过长期的服务模式，向用户的情感账户储值，时间长了就会自然而然地形成营销。

如果你只关注招生，那你年年都在招生。如果你去关注产品和服务，这就是长半衰期的事情，维护好口碑就足够了。你的服务就是营销，也是最好的营销，每一次的服务都会留存下来，形成我们培训班的营销。

4.4.2 新媒体营销

既然说到线上招生，那么就要结合新媒体来谈。对于我们培训班来说，新媒体的基本载体莫过于微信公众号，这也是基于我们线上的微营销，必然要形成的线上闭环的其中一环。在这个闭环里，微信群的运营也是重要的组成，和个人号及新媒体有机地结合在一起，形成线上招生的一个闭环。这里我们先简单说一说新媒体，也就是培训班微信公众号的营销。

关于如何搭建培训班的公众号，我会在之后的章节里具体讲述。我们在这里先说一说培训班为什么要做新媒体的营销，也就是为什么做微信公众号。

从以下这三个方面来看，培训班尤其是初创培训班是一定要做新媒体营销的。

（1）对于培训班

也就是说对于培训班，首先，新媒体营销起到了品牌曝光的作用，为了打造培训班的品牌形象，可以搭建一个公众平台。特别是对于初创培训班，新媒体营销更是一个低成本的营销方式。

其次，新媒体起到了承载内容的作用。你可以把培训班的课程安排、活动简介、培训班简介等内容发布在公众号上，便于传播；甚至你可以写点自己创业的心路历程和教育理念，让更多的人认可你。这也是一种软营销。

另外，新媒体还保证了我们与"粉丝"的联系渠道。如果没有添加一些意向用户的微信号，那么公众号也是我们导流的一种方式。不仅如此，我们还可以发展新媒体业务以及接入互联网服务等。

（2）对于个人

前面也说了，公众号这一类的新媒体可以用来记录自己创业的心路历程和奋斗史等，是我们的一个个人日志的载体。同时，可以利用其来营销自己，打造自己的个人品牌。比如我们培训班做小、初、高英语，那么我就以我的合伙人 Candy 老师为营销点，打造 Candy 老师的个人品牌。并持续扩大个人的影响力，以此带动整个培训班的运营。

并且，新媒体是可以盈利的，当然这是后话，也不是我们做新媒体的主要目的。不过，自媒体可以辅助我们的宣传工作。

（3）对于团队

这是一种低成本的营销方式，与传统营销相比，既能与"粉丝"，即我们的目标用户建立起联系，又能使我们的品牌得以曝光，并以此产生盈利。

那么如何提高我们公众号用户的活跃度呢？

首先，建立微信群，邀请关注公众号的用户加入，在群里多交流进而了解他们的需求。其次，做线上活动，吸引关注的用户参与互动等环节。再次，制造参与感。举个例子，我们可以收集一些关注用户的问题，再进行回答并编辑成文字和图片，推送出去。然后，鼓励留言，选择一些热门及容易引发讨论的话题并引导读者留言。最后，我们要进行一种人格化的经营。建立一个差异化的人格形象，用与用户对话的感觉去做内容。

4.4.3 线上活动营销

线上招生还有重要的一环，就是线上活动的营销。线上活动，顾名思义就是把我们要举办的招生活动搬到线上的平台上，这也是互联网时代的大环境下，传统行业转型的重要形式。

线上的活动与线下活动一样，也有不同的定位，不同定位下的活动也会衍生出不同的形式。比如，对于已经处于成长成熟阶段的培训班而言，品牌的宣传就是我们举办线上活动的一个定位，同时也可以帮助处于枯萎期的培训班重新焕发活力。除此之外，品牌宣传还可以提升品牌的形象，增加公司的品牌价值，降低获取新用户的成本，还可以压制竞品，起到内部激励的作用。

而对于我们初创的培训班而言，线上活动最根本的目的当然是招新生。活动的呈现方式与参与回馈与否直接决定着我们是否有足够的理由说服用户关注你。曝光渠道的选择也是我们做活动要关注的点，好的渠道选择可以让我们从容地利用好每一个新用户的价值；不过在现有阶段，曝光的渠道其实还是以微信平台为主。同时，在活动的基础上，我们还要设计好产品的教学和使用的流程。保证我们招生工作的各个环节都没有漏洞。

最后，我们简单说一下线上营销活动的一些形式。**我们通过行业内前辈的总结加上我个人经验的完善，将线上活动营销大致分为以下6种形式。**

① **联合推广**。由影响力相当的两家或者几家培训班或企业的公众号进行互相导流，形成一种联合推广的形式。这也是自媒体常说的"互推"。

② **借势营销**。与社会当前的热点相结合做活动推广工作，便于用户理解我们的活动。用户能够更加心甘情愿地参与到我们的活动之中。

③ **裂变传播**。做一些便于线上转发的活动，利于用户的二次传播，以达到裂变的效果。比如，我们可以通过培训班的学员发起类似于"萌宝投票"之类的活动，用户分享链接到朋友圈的同时，产生一种裂变的效果，达到我们传播培训班以达成招生的目的。

④ **事件营销**。低成本的线下活动，加上多渠道稿件的投放。不过这种形式并不太适合初创培训班，我们还达不到这样的体量，仅仅作为参考。

⑤ **自造节日**。除了传统的节假日的活动，我们可以将产品的推广安排在某个时间，与用户形成默契，类似于"天猫双 11"这样的概念。

⑥ **互动传播**。将用户的互动进行传播，例如，网易云音乐的营销活动就是遵循这样的方式。当然，我们尚无法与如此体量的企业相比，只是借鉴一个相关的基本思路，以便更好地运营我们自己的培训班。

• 4.5　如何运营家长社群

家长社群，其实就是你自己建立的目标学员的家长微信群。这个家长社群可以是家长交流群，可以是微课群，也可以是付费分享群。总之，我们的目标就是聚集一批同一年级的目标用户群体的家长，因为我们做 K12 领域最终的付费人群还是家长，所以我们基本上要运营的就是家长的社群。

4.5.1　微信群的成因

社群的形成大致基于三个原因，包括：为了结交朋友、为了信息获取、为了情感认同。三种成因其实相互之间并不矛盾，比如说，行业交流群就是为了结交朋友信息获取；微课群为了学习知识以及了解一些老师信息；主题讨论群主要是信息获取和情感的认同；而共同进步群则集合了情感认同、信息获取以及朋友的结交。

而我们培训班的家长微信群，无外乎几大类：首先是微课群，为了线上体验课引流而建立的家长群；其次是交流群，同一年级同一培训班的家长，在一起交流学习经验和上课效果等问题的，基于情感交流的微信群；还有就是付费的试题分享群，这类微信群可以设置一定的门槛，在群里定期发送一些名校的试题资料，这个需要你有一定的试题资源；

当然，最后还有你们培训班课程的家长群。

这些都是我们建立家长微信群的成因。

4.5.2　微信群成员组成

不管是何种微信群，一个群里都会有不同类型的成员。我们的家长群也不例外。互联网行业内将微信群成员分成以下几个类型，我们可以借鉴。

① 专家级用户。"大咖"（注：即在某个领域里比较成功的人），能够生产有质量的内容。对培训班来说，这类人可以是家长们耳熟能详的教育专家等。他们在群里不用说太多话，只要在群里即可，群成员也就对群的价值有了信任。这类人也是社群价值的"天花板"。

② 高手。没有"大咖"厉害，但活跃度更高一些。他们喜欢被社群成员认可的感觉，是社群里有价值信息的生产者。

③ 群管理。一般就是群主，我们也可以用一些社群工具来做这个工作。群管理负责踢掉发广告的人，并控制群的质量、维护社群规则，也是应该在适当时候对群的整体质量把控的人。

④ 认可价值。对于培训班来说，这一类的用户可能比较认同我们的课程体系，并且可能会成为我们线下课程的用户。

⑤ 活跃成员。非常活跃的成员，只是喜欢在群里聊天，不过作为培训班的社群里，家长属于这一类型的比较少。

⑥ "潜水"者。"潜水"者占比最高的一类人，基本上不会出来发声。其中，有的基本不看群消息，还有一部分会在很长时间的间隔后，偶尔翻阅。面对这种情况，我们可以发一个签到红包，来检测到底有多少这样的成员。

其实，大多数群成员可能会"身兼数职"，在不同的时候会扮演不同的成员角色。我们要适时地分辨清楚不同类型的成员。

4.5.3 群内容输出

建好了家长微信群，那么我们到底要在群里输出什么样的内容？这些内容就是我们每一个群存在的根本，也是我们的用户能否转化的直接原因所在。关于群内容的输出，有很多细节需要我们予以细致的把控。

微信群的存在就要生产有质量的内容，没有好内容的微信群基本上就会变成广告群或者"僵尸"群。内容要能够引起群成员的共鸣，并且能够跟其他的相同微信群产品有一定的区分度。比如我们做课程的微信群，就要在课程的打磨上与其他培训班所做的微信群有所区别，不要同质化。微信群要做出自己课程体系的特色，并且还要让群里的家长有参与感，形成培训班与家长在线上的互动，而不仅仅是我们单向的讲授课程。

不仅在内容上要稳定输出，在时间上也要严格规定，从而能够顺应用户的使用习惯。微信群的竞争者是家长们手机上的所同类有 APP，因为这些都是占据家长时间价值的一些应用，我们争夺的是时间，只有我们把微信群做得质量超过其他产品，让用户愿意把时间放在我们这里，那才有机会。内容要外化，从而给成员带来荣誉感，也可以吸收新鲜血液；同时也要鼓励成员轮流做输出，让成员在微信群里找到存在感和成长度。

基于以上对于内容输出的把控，我们基本可以保障群内容输出的几个关键因素，并逐个精细化，做好内容的输出。

4.5.4 复制微信群

基于以上的认知，我们就可以针对不同的年级和不同的班型，复制更多我们需要的家长交流群或微课群了。

复制的关键点在于制度，保证即使脱离特定的人之后，微信群依然可以保持活力，保证任何人都可以被替换。另外，边际成本要足够低，任何人熟悉了规则之后，都可以按照标准化可执行流程新建一个群，而且培训新群主的成本要低。要建立品牌效应，如果微信群是可以轻易复制的，那么你的品牌就是对微信群的一种保护。要复制，就要有足够多的新鲜血液，要通过成果外化来吸引人。

4.5.5　群内容的变现

我们还可以将微信群的价值外化，即直接通过微信群变现。

关于变现，最先要说的就是付费群的建设。我们可以建立一些有一定门槛的微信群。比如说，我正在筹建一个基于哈尔滨本地的知名中学的试题资料分享为主题的家长微信群。入群需要付一笔进群费，不同年级建立不同的微信群。我会定期在每个群里发送相应年级的本市名校的期中、期末和月考试题资料，比如每周五发某一科的试题，周六发试题答案，周日找时间群内答疑。这就是一个很好的付费群的建设，因为名校试题资源对于普通学校的学生是比较好的学习资料。当然，至于资料从哪里拿到，那就只能各凭本事了，在这里我就不过多讲了。

另外，可以设立一个打卡退费活动。比如每天早起在群内签到，或者每日任务打卡之类的，坚持一段时间。能坚持下来就把进群费退还，没有坚持下来的，就不退费并把这些费用分摊给坚持下来的成员。

内容变现，就是将优质的群内容或其他内容整理出来，形成一套完整的体系并输出销售；或在群内销售产品，作为电商变现，这些就不在此过多讨论了。

4.5.6 群促活的方案

如果你的微信群建立了一段时间后，沉底了或沦为了广告群，想要让群重新活跃起来，怎么办？我在这里结合自己的经验以及一些业内"大咖"分享的方法，总结了以下 9 条关于死群促活的方案，供大家参考。

➢ 红包促活。如果时间充裕，可以每天早 8 点，向群里发送一个早安红包，几元即可，连续发一个星期。如果想马上就启动这个群，可以发相同的红包，每半小时发一次，连发 3 ～ 4 个小时，一定会引起群成员的注意。

➢ 付费进群。之前也谈过这个方法，就是设立一个打卡退费活动。比如每天早起在群内签到，或者每日完成打卡任务之类的，坚持一段时间。能坚持下来就把进群费退还；没有坚持下来的，则不退费并把这些费用分摊发放给坚持下来的成员。另外，也可以设立付费进群上体验课，费用不宜过高，这样进群的成员成交意向都比较高。

➢ 群友分享。让群友参与群话题的运营和发散，建立有影响力的群友，比如高分学生的家长，由他们在群里活跃气氛，带话题并链接群成员。

➢ "大咖"分享。分享之前要包装"大咖"，进行预热，应该在分享之前就让成员提出一些相关问题。"大咖"可以是家教高手也可以是提分导师等。不过成本偏高，不能持续地做。通常的方式是通过一周的集中运营，以成交为目的去做。

➢ 互动游戏。比如群成员接力介绍自己，或者是红包接力，上一个红包抢到最高的人接着发。这也是我们通常的一些做法。

➢ 社群工具。可以通过专门的社群工具，在群里布置一些小作业或者群签到等功能。在这里给大家推荐一款叫"小 U 管家"的小程序，能够实现群签到，收录群精华，也就是收录群内公开课的音频集锦等。

➤ 改群名促活。我们在建群之初就要明确：这个群是沟通交流群还是学习群。比如体验课或者微课堂的群，我们就可以通过一系列的改名操作，来引起群成员再度关注。我们准备了一节体验课之后，比如明晚上课，那么可以先把群名改成"明晚八点开课 / 某某学习群"；第二天开课之前可以改成"还有两小时开课 / 某某学习群"；上课中可以改成"正在直播中 / 某某学习群"；上完课之后，还可以变成"答疑中 / 某某学习群"。这样频繁改名的举动也会引起群成员的关注。

➤ 群发私聊。比如我们发了一个红包，能够看到有哪些人抢了红包以及有些人会回复"谢谢"或简单的几句话。那么我们就能够发现这些"潜水"状态的成员，之后就可以私聊他们，问问近况以及学习状况，为下一步活跃群打下基础。

➤ 线下活动。通过一些线下的活动，建立群成员的链接，做一些线下的家长活动，让大家能够参与进来。

4.5.7　微信群营销的 5 个关键词

我们要把运营微信群当作一个完整的项目做，有 5 个关键词是我们应该注意的。

（1）专业

我们要保证自己的老师足够专业，在自己的学科领域可以做到应答自如。不仅仅是上课的专业，因为上课我们可以通过提前准备从而做足功课；更要做到随时随地能够答疑，可以做到不假思索地解答专业问题，这就要求我们的老师对于自己的学科要有着足够深刻的认知。

（2）尽力

我们要给用户营造一种这样的感受：我们的老师在尽自己最大努力，真诚地帮助大家解答问题。比如：微课堂的时间定在半个小时，那么我们可以多讲一些，讲到 40 分钟，并且找时间答疑，能够营造一种全力以赴的感受。

（3）关怀

可以从两个方面来看。一方面，是助教的关怀，监督群成员线上的学习情况，提醒群成员按时上课；另一方面，就是导师的关怀，老师们要经常与群成员进行互动，要做到用心和关心，让家长和学员们感受到自己被重视。比如我们清楚地知道每名成员的学习状况，问题出在哪里，说得都很准确，就是我们所说的关怀和被重视的感受。

（4）超出预期

实际上就是要营造一种满意度超出预期的效果。**KANO 模型**（注：对用户需求分类和优先排序的有用工具）**把用户的需求分为基本型需求、期望型需求和兴奋型需求**。基本型需求就是我们基本的课程，即使完成得很好，满意度也是基于正常的标准；期望型需求也就是说用户可能期望出现的一种情况，即使不出现也没关系，出现的话满意度就会升高；而兴奋型需求所说的是完全超出了用户的预期，达到的满意度最高。这就是我们要做到的超出预期表现。

（5）显化

显化的意思就是，之前我们做了这么多，专业、尽力、关怀、超出预期这些步骤，正是要让我们的用户明确感受到这些，就是要把我们做的功课突出出来。我们可以在群里请一些活跃的家长，主动把我们做到位的具体情况说出来，让大家都能够明确感受到我们的表现。

4.6 实际操作一节微信群体验课

在明确了家长微信群的成因、成员构成、内容的输出及变现以后，让我们实际操作一堂微信群的体验课，看一下微信群到底如何运营以及需要注意的一些问题。

我们大致将一节微信群体验课的运营分为 4 个步骤：邀请进群、课前预热、听体验课以及咨询成交。我们所有的操作都是为了指向最后的成交，因为我们做微信群的目的就是为了转化流量。如果能够构建起各个年级的不同科目的家长交流群，那么对于培训班来说，这是一笔不可估量的财富，也是我们要努力的目标。

4.6.1 邀请进群

首先群里要有成员，这样就涉及如何让尽可能多的人知道我们的体验课。

有很多方法可以用来宣传我们的微信群体验课，或者简称微课堂。我大致总结了以下 4 类。其中有传统的方式，也有新媒体的操作方法。

➤ 电话邀约，加微信。这就是我们传统的电销，再配合线上的加微信这一步骤，将有意向的用户转化到线上。

➤ 公众号发布。就是我们做的培训班自媒体，发布以后可以让大家转到朋友圈，以便更好地进行二次传播。

➤　个人号群发＋朋友圈。我们培训班运营人员的工作微信号，前期都加过不少家长。运营人员可以编辑好微课堂的内容和图片，群发给这些家长，并定期在朋友圈发送以形成传播。

➤　老学员传播。也就是我们现有学员的一种口碑传播，这需要我们培养能够给我们带来生源的家长。

借助这些宣传方式，我们会让一些家长进一步了解我们微课堂体验课，但是最后进群的家长不会是我们传播的全部。为了增加这个转化率，增加目标用户们的进群意愿也是我们需要考虑的问题。大致可以从几个方面来做：老师的包装、课程的包装、价格的包装，包括要把课程包装得能够让用户产生急需的感觉。老师、课程和价格的包装我们都明白，珍惜性和时效性就是针对课程的珍贵即效果方面来说的。

这里我们应该重点培养有高意向入群的成员，比如，这位授课老师是家长认识的、这个课程是家长正在考虑的。另外，还要让群成员敢于多提问，多在群里交流，由此形成良性互动，打通群成员的链接。

做到这些，基本上我们的微课群就会有了第一批种子用户；再造势让他们拉人进群，就能形成类似于裂变的模式。这也就是我们所说的做到课前预热。

4.6.2　课前预热

课前预热这一部分，我们需要先让我们的用户付出一点沉没成本。

我们看一下关于沉没成本的官方定义：人们在决定是否去做一件事情的时候，不仅是看这件事对自己有没有好处，而且也看过去是不是已经在这件事情上有过投入。我们把这些已经发生的不可收回的支出，如时间、金钱、精力等称为"沉没成本"（Sunk Cost）。

例如，我们要让进群的用户把我们体验课的信息分享到朋友圈，形成二次传播，然后进群后要修改备注，改成"学校＋年级＋姓名"即可。并且，在有条件的情况下，能够让这些用户填写用户资料的表格，当然这个表格在线下比较容易填，线上我们也可以以简单问答的形式进行了解。总之，完成这些步骤就会让用户付出一点沉没成本。

接下来就要增加用户们对于我们体验课的预期。同样，我们还是要对课程和上课老师进行一定的包装，同时保证老师在群里用语音督促大家及时到课、听课，并要求大家在课前，就课程提出自己相关的问题，越多越好，这样也越容易开展我们的体验课，为后续咨询成交做好充足准备。

让用户承诺来听课。尽管我们建了一个人数不少的微课群，但是到了真正上课的时候，听课人数不见得多，所以我们就要用一些措施来保证用户听课人数。我们可以发布上课预告，并要求群成员收到回复，然后"刷队形"，比如收到回复一个赞，以此"刷队形"，让这个群的气氛热烈，再发小红包回馈大家的参与。并与用户约定，领红包即代表了承诺。增加用户的心理成本。

这些步骤就是我们为了课程做的课前预热，是我们运营过程中很重要的一步，直接决定了来听课的用户的人数和他们的听课态度。

4.6.3　听体验课

做了这么多的准备工作，接下来就要正式开始体验课了。为了增加学员听课的体验感，我们还有其他事情要做。首先，在老师语音讲课过程中，助教要根据老师讲课的内容，及时配以相应的图片或者文字内容。其次，老师最好提前写好文字稿，避免忘词等现象，也能显得我们的课程准备充分。

关于体验课的内容设计，可以大致从以下 6 个方面来设置。

➢ 教师介绍。简洁但是要有包装地介绍我们的老师。

➢ 课程介绍。同样，简单介绍一下我们的课程，重点结合家长们的关注点介绍。

➢ 正式讲课。也就是我们的课程主体。

➢ 对于后续课程的介绍。即上完这节体验课，学生们要继续往下学，应该报名什么样的课程，这些都要详细介绍。

➢ 课程成果保证。可由老学员来代言。

➢ 报名方式以及相应的费用等。

体验课结束以后，我们会发现还是有些学员没有来听课，或者听了一半就不继续听了。对于这样的成员，我们也要采取相应的措施，以尽力召回他们。

首先，微信群体验课要实现标配，即提供课程的音频回放；还有我之前推荐过的"小 U 管家"，它就能够收录群语音记录，可以方便我们使用；也可用比较传统的办法，在老师讲课时，直接有其他人员录音，然后发布在我们的微信公众号里，这也是可行的。

其次，还是找认可我们的家长。这也是我们促活的方式之一，让这些家长在群里表达对于我们体验课的效果的认可，这样就会有真正听课的家长出来回应，从而也能带动没听的家长来查看。

最后，我们可以通过私聊群发一些课堂上的问题给群里的家长。那些听课的成员，可能就会答对问题，那么这个时候我们就可以直接和他们进行咨询成交的步骤了。对于其他一些没有答对问题的学员，他们很可能没有听我们的体验课，那么正好可以借此机会，让他们去回听体验课的音频；我们则可以过段时间后再回访，增加成交率。

这些是整个体验课的大致流程和需要注意的事项。我们这些措施的关键就是为了能够进入到第四个步骤——咨询成交。

4.6.4 咨询成交

关于咨询成交，我们会在后文用一整章的篇幅来讨论。这里不做过多的诠释，只是简单地说一点，就是如何找到对我们的课程满意的学员。

首先，优选那些在课程结束后在第一时间点赞的学员。这部分人一定是从头至尾听了我们的课程，并且认可我们的课程，所以这就是我们的最优级的用户群体，我们首先就要维护住他们。

其次，选课前有提问的那些学员。如果在优选学员里没有发现他们，也不代表他们没有听课。也许他们在课前就对我们的课程提出了相应的疑问，既然是带着自己的问题来听课的，那么自然课程结束后，我们要知道他们的问题是否得到了解答，同时也就能够看出他们是否对课程满意，或者说在多大程度上满意。

再次，要选择那些回复"赞"来报名的学员。之前我们在课前预热中提到过，我们在发布上课预告后，给回复"赞"的群成员发红包。这时再告知用户，领红包了代表承诺来听课，相信真正领了红包的人，大多也会记得准时来听课。我们可以验证一下这些回复"赞"并领了红包的用户是否来听课了，是否遵守了他们的承诺，也就顺便了解一下他们对课程的满意度。

最后，我还是要求大家要从头到尾排查一遍，再进行筛选。在以上

3 类学员都确定完之后，也还会有一些不确定的群成员，我们只有在群里从头至尾进行再次筛选，才能保证不放过任何一个潜在的可能成交的用户。

基本上实施完以上几个步骤之后，就能够确定我们的体验课到底有多少学员觉得满意了。对于满意的用户，我们可以把他们的层级调高一档，在后续的咨询和转化中重点照顾他们，相信他们也一定是我们比较核心的潜在用户。而那些对体验课不是很满意的用户，我们也不要急于放弃，找到他们所关注的点，再结合我们的课程，看能否加以改进，这也是我们老师的"磨课"和提高的一个过程。谁也不能否认，这一期没法转化的用户，下一期或许就会成为我们的潜在用户。这就要看我们的情感账户如何维系了。

第 5 章

培训班运营
之咨询

咨询是招生环节中成交的关键步骤。能够进入咨询阶段的家长，基本上都是初步具有报名意向的，至少表明了他们的需求和我们的课程产品相契合。培训班要有这样的认知：全员营销！全体员工都要成为咨询人。

咨询的方式包括电话咨询、面对面咨询、试听课与宣讲会咨询等。在咨询的过程中我们要根据学生的学习程度，推荐适合的培训班类型和个性化的辅导。这是教育培训行业未来的趋势。我们同时要结合学生特点，有针对性地制定学生的学业生涯规划；另外，在咨询的过程中，也要根据不同的家长类型，选择适当的话术以便成交。

• 5.1 咨询主体

这里的咨询主体，指的就是培训班里负责咨询的人员。如果创业前期人手不是特别充足，我建议我们每一个创业的校长和合伙人都要兼职做一名咨询人，因为咨询和招生是紧密联系在一起的。直到目前我都还在做着一定的咨询工作。

一般情况下，培训班里主要的咨询人员，包括课程顾问、咨询师以及前台。我们就先从这三个方面来看一下，我们咨询主体需要负责的工作各有什么不同以及需要注意的问题。

其中，课程顾问和咨询师本质上是差不多的，初创培训班完全可以将这两个岗位看成一个。不过后期如果想要精细化管理，那么我个人认为还是要将二者区分开来较好：课程顾问是要负责前端销售，而咨询师主要负责一对一地谈单，并要对不同程度的学生推荐有针对性的课程。

5.1.1 课程顾问

在与我们的目标用户打交道的过程中，课程顾问就代表了我们培训班的整体形象，课程顾问们展现的素质涵养就是留给用户的第一印象。这个第一印象会影响用户对于培训班整体水准的判断，所以，我们要求课程顾问在工作中，说话要注意语气，要清楚简明、专业化并尊重家长，给目标用户一个准确和清楚的解答。

我认为，作为一个培训班的课程顾问，不能简单地把自己看成一名销售人员，最重要的一点是要熟悉课程设置，教学内容等，务必要强化自己的业务能力。因为我们做教育行业的经营，不仅仅是做生意，或者说不是做生意，而是在做教育。

既然做教育，就应该有做教育的态度，如果连课程顾问自己都搞不清楚课程体系教学内容，家长们怎么能够放心地把孩子送到我们这里学习呢？

所以我的建议是，不论是创业者自己，还是招聘来的一些课程顾问，都应该尽最大努力搞懂培训班的课程体系以及整个行业的课程培训基本方式，否则是没有办法为他人提供咨询的。

如果实在是遇到了难以解决的问题，我们的课程顾问也一定要跟我们的授课老师、咨询师或者是校长及时地进行沟通，一起想办法或者是给出更为专业的解答；同时，还要掌握我们与行业内其他培训班或者竞争培训班相比的优势所在。这就需要我们培养课程顾问深入这个行业，去听、去看、去感受。我想，做任何行业都是这样的，深入且透彻的了解是做每一项工作的前提保障。

同时，课程顾问是最应该注重仪表和姿态的：平时的穿衣打扮要尽量做到干净、整洁、职业化；在待人接物时应该稳重大方，做到精神饱满并且彬彬有礼。在专业知识方面，课程顾问至少看起来要足够专业，内在的专业化进程也要逐步加快，既然是做教育行业，就要自己时刻要求自己保持一颗学习的心。

我经常看到一些教育培训班的所谓的课程顾问，根本没有一个教育工作者应有的态度和仪容。少数的课程顾问着装随便，看起来就不够职

业；坐没坐样、站没站样、仪表不端庄、不稳重；与家长交流时也显得不够专业，并且过于追求一种销售化的表达。这些都是一定要避免的情况，特别是作为教育培训行业的从业者，绝对不是简简单单一名销售人员，要时刻记住，自己的言行是会影响到我们的学生的。

我给创业者的一个建议是，除了保证自己的专业化以外，最需要注意的就是我们对课程顾问的选择。举止稳重大方、待人接物得体、张弛有度，都是我们看人、选人和用人时的评判要素。

5.1.2 咨询师

其实对于中小培训班而言，咨询师与课程顾问的功能是合二为一较好。为了方便我们精细化管理，我认为培训班在做到一定规模时，要区分咨询师与课程顾问。区分的方式就是，咨询师要比课程顾问在专业性上更胜一筹。如果课程顾问是负责前端的咨询与取得意向客户名单，那么咨询师就是在课程顾问无法更好地令客户满意时，持续跟进意向客户的专业咨询顾问。同时，我认为咨询师还应该具备一项能力，即能够在咨询中，根据一个学生某一科目自身的学习状况，推荐与其相适应的培训班类型与课程。而且，咨询师还要能够在学生面临升学问题时给出相应的学校选择上的建议。

所以，基于以上的说法，我认为咨询师在未来的发展趋势绝不仅仅是咨询，更是一个类似于中小学生的学习生涯规划师。我给未来的咨询师取了一个名字，叫作中小学生学业生涯规划专家，或许未来的培训班需要这样的人才。

而要做到给我们的学生规划学习生涯，就不仅仅是熟悉培训班自己的课程体系这么简单。需要我们做到的内容包括：首先，就要了解本地的学校情况，小学、初中、高中都要了解，包括升学状况、师资力量、整体校风以及相应所在位置等（光是这些，这就需要极强的专业精神了）；其次，还要了解本地的培训班的基本情况，谁家哪科有什么特色，谁家上什么课不行，这些都要信手拈来，这可不是一天两天的工夫就能熟练掌握的；最后，最重要的是我们要对本地的升学体系有足够的了解。

就以哈尔滨为例："小升初"考试都考什么？都有哪几家学校可以选择，各有什么优缺点？哪家初中要求严格，哪家相对宽松？中考都考哪些科目？哪个区的模拟题最好？哪些高中适合中等生？某个学生适合报考什么专业？等等，这样的问题太多了，我们不能保证将所有的条目都搞清楚，至少要在某一个环节给出相对专业的解答，这就是我对咨询师或者称为学业生涯规划师的最基本的定位。

教育培训行业对咨询师的要求，我认为可以从专业、服务和个性化这几个方面来看。

我们要给家长和学生提供相对专业的教学咨询，让家长和学生全面地了解所在地区的升学信息以及课程的一些分类特点等，给家长提供相对专业的建议。

我们不要让家长觉得我们就是要向他们推广培训课程，而要有一个服务意识在里面，将培训班里的课后服务思维也带到咨询中。人性化地对待我们的每一个目标用户，增加所谓的情感账户的储值。

咨询师们要以顾问的形式解答家长和学生在学习方面的所有困惑，并形成自己解答问题的一套体系；对每一个学生进行个性化学习方案的设计，体现培训班分层教学＋个性化辅导的理念。

同时，咨询师们还要有一个心理专家的状态，可以对学生简单的心理问题给出一些建议，帮助学生树立学习的信心，分享学生的一些心理上的困惑。

最后，让我们回归传统，看一下咨询师的一些工作守则。

咨询师一般的工作流程： 在电话中与家长建立联系，记录每一个目标用户的具体情况，包括主要信息、学生姓名、学校和年级，在记录过程中建立对学生的初步印象；再次联络家长，达成面对面咨询的意向并约定时间，准备好学生的资料；接待学生与家长，为学生作基于某一学科的学习程度分析，并制定一整套个性化学习方案；家长正式报名以后，协助家长进行缴费和办理听课证等事项，并与相应的教务管理交接家长学生情况；课程开始后及时定期与家长交流沟通，做好后续的相关服务工作。

电话咨询的几点要求： 接听电话的速度务必要快，并且用标准普通话，说话要清晰、能听见；不属于有效的电话，应该尽快地挂断；主动提问家长或根据家长的简单提问，将相关内容以标准话术告知家长，要触及家长们的关注点；要引导用户从电话中走出来，来到培训班咨询，提高成交率；一个优秀的咨询师可以达到接听的 5 个电话里有 3 个家长上门，3 个上门家长中的有 2 个签约。这就是我们要努力达成的目标。

请记住咨询师的重要性，要努力做未来的中小学生学业生涯规划专家。

5.1.3　前台

培训班的前台，与其他行业的前台人员是有所区别的。作为培训班全员营销的重要载体，前台工作人员也是我们咨询的主体成员。

我们培训班的前台人员基本上是整个培训班的枢纽，代表着培训班的形象，同时也是培训班运营管理的关键性岗位。其工作内容包括对学员情况、行政工作和教务排课等方面的事项的处理和管理。同时，前台还是所有后勤保障的中心。可以说，前台就是维持培训班正常运转的枢纽。对于前台的工作人员，除了做好基本的工作内容之外，他们也是所有人员的后勤保障，更要胜任咨询师这个角色，这就是我们所说的全员营销的概念。

百度百科对于全员营销有着这样的定义。

全员营销是一种以市场为中心，整合企业资源和手段的科学管理理念，很多大型工业企业采用后取得了不凡的成效。即指企业对企业的产品、价格、渠道、促销（注：即 Product, Price, Place, Promotion, 4P）和需求、成本、便利、沟通（注：即 Customer, Cost, Convenience, Communication, 4C）等营销手段和因素进行有机组合，达到营销手段的整合性，实行整合营销。同时全体员工以市场和营销部门为核心，研发、生产、财务、行政、物流等各部门统一以市场为中心，以顾客为导向开展工作，实现营销主体的整合性。

当然，对于培训班而言，全员营销就是从老师到校长在适当的时候，都能够扮演一个咨询师的角色，而前台在扮演咨询师方面则要承担更多的责任和义务。所以，这也是我们培训班的前台工作和其他行业最显著的区别所在。我认为，这也是我们这个行业核心价值的体现——让每个人都受到教育，从而时刻保持学习的心态。

对于前台工作的重要性，我做了如下的总结。

① 前台代表培训班的形象。

如果家长不是事先跟咨询师约好时间，而是直接到我们的培训班咨询，那么他们最先接触到的就是前台人员。而这时前台的咨询水平和综合素质，就决定了家长和学生对于培训班的第一印象。在与前台的交流过程中，他们也会作出是否有意向进一步了解的判断，这对于培训班尤其是初创培训班来说就更为重要了。

② 前台是培训班的枢纽，很多信息都会在这里传播发散。

前台应能够对外向家长描述培训班的情况和课程，包括具体的老师；同时还可以收集家长们对老师的评价和期望。这样的双向交流，使得他们一定程度上成了家长与培训班之间沟通的先期平台。

③ 承担管理任务。

之前提到过，对于学员的管理、教务排课等方面的管理以及教师一些工作安排的管理，因培训班大小而异。

④ 前台是所有后勤保障的中心。

是培训班所有部门的后勤，保证了整个培训班的平台运营。

那么，前台的岗位职责包括什么呢？大致上有如下几个方面。

电话和来访的接待和初步咨询，并记录家长信息；整个培训班的卫生安全状况的处理；培训班日常费用的收取；新生入学前的测试及评卷分析；教师电话回访的调查监督；信息报表的制作与上报；日常的市场活动的配合与参加；学校相关信息的整理与管理；协助主管进行日常的管理工作；一些临时的行政工作。

因为前台的工作如此重要，我们总结了一套前台的常规工作标准。之所以会这么细致，这是因为作为初创培训班，我们的前台能够承担的角色越多，对于培训班的良好运营越有利。

➤ 对于培训班的课程体系和教学教研风格、课程的安排和课时费用多少以及活动的具体时间等这些方面都要全面掌握。前台可能没有咨询师做得那么专业，但也要能够简单解答家长最基本的问题。

➢ 工作相关的所有电子资料和书面资料都要妥善保管。电子资料分类整理到不同文件夹，方便查看；书面资料放在统一的地方，方便使用时拿取，以防人员过多时找不到相应的材料。

➢ 每天尽量早于其他人员到达培训班，提前检查好教室的基本情况；保证电器的正常使用，如出现问题及时报修；有课程安排或通知要写在前台旁的白板上；简单整理好大厅，准备开始一天的工作。

➢ 所有需要填写的内容，不出现失误。因为听课证和收据等都与学生和课程相关，出现错误会导致无从查证。

➢ 守时，有时间观念。和任何人约好的时间，都要按时完成。如果有特殊情况无法正常完成，也要记得通知对方，要有正当理由并承诺在一定时间内完成。

➢ 家长进入培训班后，前台人员要起立并问好，主动为客户让座。如有重要家长客户来访，前台人员还应该到培训班的门口等待并迎接。

➢ 介绍双方人员时，应该首先介绍自己培训班的人，然后再介绍对方的人。一般情况下，都要先介绍校长或总监等培训班人员，或以年长者为先也可。

➢ 在家长咨询时，前台人员要正视对方并保持倾听的姿态，解答时口齿清晰。其实，无论什么职务，在与用户交流时都应保持这样的姿态。

➢ 入学测试：协助咨询师完成这一项工作。对报名的或者有意向报名的学生进行科目的测试，以便了解学生真实的学习程度。前台人员与咨询师一同对测试作出分析，再结合咨询师给家长制定的个性化学习方案，介绍一些授课教师的基本情况和资料。

➢ 收缴学费：收现金时一定要点清数目和辨别真伪，一般情况下都会配备验钞机；如需刷卡，则要将小票对折一下，再递给家长，以便小票不出现弯曲的情况；递给家长的笔也要将笔尖朝向自己的方向；开收据要书写正规，盖章清楚。

➤ 家长离开培训班时，前台人员要站起身道别，并送至门口或电梯；如有必要，甚至要送至家长的车旁边，握手致意。

➤ 前台处应设有意见簿或类似的设施，方便家长填写，也可当面跟家长沟通此类事项。

➤ 印章等重要物品，都要放置在带锁的柜子里，妥善保管，不能弄丢。

➤ 结束工作之后，整理好一天的所有物品，归类放好并按需要上锁。对前台区域进行必要的卫生打扫，保持桌面清洁。当然，这一点不仅是对前台的要求。电子设备务必关机。

➤ 前台就在培训班的门口，有时能够获取一些重要信息，要及时做好情报的处理工作，为培训班的运营出谋划策。

● 5.2　电话咨询

　　电话咨询是咨询中的传统方式，无论是接入还是呼出电话，都是我们平时在做咨询工作时的基本方式。如何做好基本的电话咨询，就是我们做咨询师最基本的工作技巧。我们接下来先对电话的需求点进行分析；然后对接听电话的流程做一下梳理。

5.2.1　电话需求点分析

　　关于需求点的分析，我们从两个方面——非毕业班和毕业班来分析，并且基于小学、初中、高中学习阶段的不同，来结合实际看一下，我们在电话中根据不同的年级和类型应该遵循怎样的咨询策略。

（1）非毕业班

① 小学一至三年级。

低年级的学生，基本上都没有养成自主学习的习惯。这是正常的现象，毕竟上学的时间还不长，家长也会觉得孩子还小，不用外出上那么多培训班。这时候我们就要培养家长的危机意识，重点沟通孩子的学习习惯养成的问题。因为很多学生到了高年级都没有良好的学习习惯，而现在很多不良的学习习惯都是从小养成的。

相关的问题可以这样问：孩子会记课堂笔记吗？记得怎么样？写作

业要多长时间？上课注意力集中吗？有没有小动作？

小学三年级之前的学习并不是特别难，所以，重点就是要培养学生们养成良好的学习习惯和学习兴趣及意愿。因为在三年级之前，没有什么有效的学习方法其实也不会对成绩有太大的影响，但是随着年级的增长，学习的知识变多，难度的加大，良好的学习方法就是成绩的保障了。

良好的学习习惯是一定都要培养的，等到家长们发现孩子成绩不行了再去做，会付出更大的代价和时间。除了纠正学习习惯以外，还要树立自信心，并且带领孩子找到学习的乐趣，这也不是一朝一夕的事情。所以我们要抓住这一点，引导家长认识到，应该在孩子的课业负担还不太重的时候就开始培养其良好的学习习惯和兴趣以及方法。

相对应的咨询策略就是，向家长灌输个性化辅导的理念，并针对学习习惯的养成问题，引导家长对于危机性和长期性的认识，让家长体会到关注点所在。例如：孩子的语文学不好，读文章不通顺，就会导致数学应用题读不懂题，将来必然会导致稍微难一些的数学或者奥数都无法顺利学习，进而对小升初的择校产生影响。要在一定程度上给家长传递这样的危机信号，这种情况并不是为了招生而说的，是真实存在的。我就见过很多孩子数学应用题读不懂题，就是语文没学好造成的。

② 小学四五年级。

因为哈尔滨中小学实行五四制，即五年小学、四年初中，而全国教育环境还是以六三制居多，所以我们这里就以六三制来划分阶段，小学的四年级、五年级是高年级，六年级是毕业班。

学科方面，语文作业中已经需要写小作文了，要能够描述一件事情的起因、经过和结果，阅读思维和遣词造句都是这个阶段的重点。数学作业中已经出现应用题了，并且要开始接触奥数，为"小升初"作准备了。英语方面就不能够只注重听说的练习，而是听说读写要全方位培养，这时有一些少儿英语课程只注重听说的训练的弊端就会显现。我们正可以以此为突破口，继续给家长灌输危机意识，而家长也会主动想要了解有关"小升初"的相关课程安排。

有些英语培训班在小学低年级的阶段，给孩子的培养方式就是听和说。孩子的读写能力很弱，有些简单的单词能够听懂和说出来，但是根本不认识，更写不出来。我们目前的教育环境，暂时还不能做到像学母语一样地学习英语，但听说读写的能力是同样重要的，最终的考试都是要落到笔头上的。所以，读写的能力同样要从小培养。这也是我们自己开办英语班的初衷，希望让更多的孩子从小就在英语的听说读写上都能够学习，从小打好基础。

如果有家长说，以前的英语学习是注重书写的学习，忽略了英语听说能力的培养，学生们不太能够张嘴说英语，那么现在的很多少儿英语培训班能够让孩子们张嘴说英语，但是却忽略了对于书写的培养。我们不能完全照搬上述英语培训的方式，还应该结合我们的教育特色，所以，少儿英语培训班要在听说读写四个方面都应做到对孩子的全面培养。

同时，在这个阶段，一样会有很多的孩子基础不牢固，这都是低年级时积累下来的结果。之前也说过了，有些学生在低年级时就没有养成良好的学习习惯，学习不得法。有些学生想努力，但是又不得要领。这就是我们要抓住的点——再次抛出个性化辅导理念，培养学生的学习习惯、方法和态度，打好基础。

一般这种时候，家长们的危机意识应该都建立起来了，我们也要结合一些"小升初"的特点，来将危机意识转化为辅导需求，也可以利用之前的举例，将科目之间的关联向家长说明，以便寻求学员的扩科。

③ 新初一和新高一。

把这两个年级放在一起讲，是有原因的。

这两个年级的学生面临着同样的问题，就是初入初、高中，并不适应初、高中的学习方式。小学阶段，即使参加很多"小升初"的辅导和培训，学习方式也和升入初中以后大不一样。哈尔滨的"小升初"考试已经规定，不能够有笔试环节了，各个学校也都用口述的形式来考试；其他的城市也都有自己的特点。但是，升入初中以后的学习方式和以前又不一样，所以学生们升入初中以后，会有很长时间的不适应感，这都是很正常的。

新高一也存在这些问题。初中阶段学生们的学习大都需要老师和家长的督促，到了高中，老师们都会培养学生们自主学习的能力，很多家长也觉得孩子大了可以放手了。但很多学生都已经被监督惯了，根本没有自主学习的意识。有很多学生还有如此天真的想法：某一科目老师对我好，我就多学点，某一科目老师对我不好，总说我学得不好，那我就糊弄一点。真的有这样的孩子！而且很多家长也缺乏一定的大局意识，只会关注某一科目的某一个点，不会从整个中考或者高考的角度来考虑，没有长期辅导的意识。

针对上述情形，我们的首要任务就是向家长说明，学习阶段的不同，需要不同的学习方法。而这个过渡时期，就可以选择在培训班里完美过渡。我们应引导家长们的意识，到了这一阶段，学习方法的建立比单纯的知识掌握来得更重要。在即将到来的初二、高二这个分水岭之前，掌握学习方法是最重要的，这也是我们在课外时间还要出来补课的原因所在——真正的授之以渔。

④ 初二和高二。

这一阶段是初、高中比较关键的学习时期，中、高考的成绩基础，大部分是二年级打下的，这就是打地基的阶段。如果这一阶段还未适应初、高中的学习方式，那么中考和高考的难度就会加大。过往的很多学生其实都是没有适应这一阶段的学习方式，然后就稀里糊涂地过完了初中或高中的学习生涯，结果可想而知。

本着对学生负责的态度，我们对于这一阶段的学生就必须强制采用分层学习的方式了。这句话我说了很多遍了，在这里还是要再说一遍，我们要根据学生，对不同科目掌握的不同程度，推荐适合每个学生的个性化辅导课程体系。而且，在初二和高二这两个阶段是必须要这样分层，这是对自己培训班的口碑负责，同时也是对学生的未来负责。

虽然各地的中、高考题目各不相同，但有一点基本相同，那就是基础题目占到了大概八成的比例，剩下两成留给了提高题。也就是说，其实有很多学生连 80% 的基础题都没有完全掌握，所以夯实基础在任何时候都是有必要的，尤其是关键的初二和高二阶段。

针对成绩较好的同学，我们可以建议他们自己利用课余时间抓紧解决基础题目里的学科漏洞，同时在我们的培训班里，重点解决剩下的 20% 提高题；对于成绩中等的学生，一定要主攻所有的基础题目，尤其是自己学习薄弱的科目，同时在有余力的时候适当地学习一下提高题目；而对于成绩不好的学生，基本上就可以让他们放弃所有的提高题，专心学习基础题目，务必将基础题目全部弄明白，这样最终的成绩也不会太差。

这一阶段的学习就应该有目的地关联中、高考。我们本着对学生负责的态度，也要引导家长增加相应的意识，而不是随波逐流、人云亦云。

（2）毕业班

① 小学六年级。

可能有一些城市没有"小升初"考试，那么在这样的地区就可以将六年级归类到四年级、五年级里。本段落针对的是有"小升初"考试的城市的六年级学生家长，应该如何做好电话的咨询。

"小升初"阶段的学生，有明确的升学意愿。那么我们就要帮助家长分析：现在孩子的程度距离理想的学校还有多少差距、差在哪里；并且，还要根据当地"小升初"的不同类型，调整相应的学习策略。我们要给家长灌输一个概念，如果"小升初"不成功，孩子升入一所师资力量和校风都偏下的学校，没有一个良好的学习氛围，那么，三年后的中考就与"小升初"择校成功的孩子就无法站在同一水平线上了，未来上了高中之后的差距就会越来越大。

这样就可以适时地将分层教学的理念再次强化，引导家长们报名我们的课程了。

② 初三和高三。

在这一阶段，家长们普遍具有相当强的危机意识，我们只要适当地营造危机感就可以了。如果能够塑造他们长期的补课意愿是最好的，但是解决他们的学科漏洞更是当务之急。在给他们推荐合适的课程的基础之上，我们还要多注意孩子的情绪，适当的心理辅导是可以增加我们成交的筹码的。

在这一阶段，与其说课程的培训很重要，不如说心理辅导更加重要。这也是我们现在开办培训班与过去的不同所在。培训班一定要在中、高考的课程学习之外，给学生们提供更多的精神上的慰藉，这也是我们服务的一部分。

这一阶段是主抓学习方式、方法的黄金时期，我们各品类的课程在这一阶段都要突出对中、高考考试方法的训练，训练学生们的答题技巧。这既是针对我国教育考试现状所作出的选择，也是我们要传授给学生的考试之术。**我们要明白，某种情况下，我们不仅是教给学生相关科目的知识，更是教会他们一些应对考试的逻辑。这是我们培训班存在的一个重要意义。**

5.2.2 接听电话的流程

接听电话前，要保持周围环境安静。就我个人而言，也不喜欢在吵闹环境中或正与人交谈时接打电话。接电话的过程中，要尽量一手拿话筒，这样另一只手就可以有时间记录一些基本信息了。随后通话中，要通过简单的交流判断一些基本的问题，比如学生的大致情况，家长的需求是什么以及报名的意愿是否强烈等。最后要掌握主动权，做到向家长提出实质性问题。

对于家长和学生的基本信息的记录，要做到尽量全面。学校、年级是必了解内容，具体到每一个科目的学习情况和家长想要咨询的科目的学习情况都要问清楚，包括在学校里的整个学习程度等相关信息；同时还要对学生的一些兴趣爱好以及升学之前所在学校，做到全面了解。如果能够知道学生之前都在哪个培训班补课，那对于我们后续的转化就会大有帮助了。我们可以根据学生之前参加培训班的类型的问题，引导家长报名我们培训班的课程。

具体提问可以采取专业性强的开放式提问，把问题导向我们培训班的优势上来，更能体现培训班整体的专业性。

● 5.3 面对面咨询

面对面咨询是我们成交客户的关键一步，也是必不可少的环节。我们会通过详细询问和简单推断来了解对方的状况，并根据我们课程的设置尽量准确地给出建议并推荐学习规划。我们首先看一下面对面咨询的基本流程。

5.3.1 当面咨询流程

有些客户已经通过之前的电话沟通对我们培训班和课程有所了解，并与我们约定了时间，而有些家长则是慕名而来。不论是何种情况，当一个潜在客户出现在我们的面前时，首先，我们都要热情接待，并了解用户简单的一些情况，让用户填写一张简单的表单，是每个培训班都需要做的。其次，要深入沟通了解学习目标，并简略介绍我们的课程，同时可以介绍一下老师的具体情况。

下一个步骤：如果学生本人也一起过来，就安排他们进行入学测试，查看学生的学科水平，并迅速给出合理化建议，包括培训班类型和程度。咨询的基本步骤已经完成，在家长考虑的同时，可以适当地突出我们的优势所在，包括良好的服务和学习氛围等；可以简单参观一下我们的学习环境等。

现场咨询的基本流程就是这样。那么我们接下来关注一下咨询当中，要注意的一些问题。

5.3.2　咨询当中注意的问题

我将当面咨询要注意的问题，大致分为了以下几点，需要我们的咨询人员加以注意。

① 倾听。其实不管是与咨询的家长交流，抑或是与其他任何人交流，倾听都是必须要学会的基本功。在倾听用户表达自己的观点的同时，更要表现出专注和耐心，表现的方式就是可以通过手势或者简单的应答，让对方知道你在听他讲话。

听完家长的陈述以后，一定要适时地表达自己的观点，千万别被家长的节奏带走。我们是要帮助家长解决学生的学习问题的，如果他们说得都对、学的都会，那还会来培训班咨询吗？所以要记住，表现出倾听的态度，但也要有自己的明确立场。

② 说话。说话是咨询当中，进行沟通交流的基本桥梁，但我们一定要注意自己的说话方式，最重要的一点就是专业，一定要表现出我们的专业性。我们说话的内容就来源于专业的课程体系和个性化辅导建议。

我们在咨询时，是和一般的行业不同的，在做到基本的谦虚礼貌的同时，家长们最在意的也是从我们口中给出的专业性建议。所以，我们说话时不用过多地关注说话形式，做到礼貌大方其实就足够了，更重要的是我们对于行业、对于教育、对于培训班的专业化理解。

③ 气势。这里就使用到我们察言观色的能力了。不需要对家长谄媚，只需要表现出你的精干和亲切，不能没有，也不能太过；该计较的要计较，不该计较的就要坦然；有时候适当地否定对方，也比一味顺从

强得多。要表现出这样的气势：我们是帮助家长和学生的，不是求别人来上课的。

④ 参观。引导到访的家长参观培训班，也是必须要做的一个环节。参观时，我们应该以一个导游的标准要求自己：要一步一步指引家长到达各个位置；送走家长时应该要送到门口，以示我们的尊重。不论是否签单，都要让家长看到我们的诚意。

⑤ 回访。这一步属于电话回访，回访时要注意频率，不宜过多，但也不能太少。太多会引起反感；太少会令家长忘记之前的咨询。回访的内容不局限于让家长签单之类的话，可以问一下学生的学习近况，并且每次回访都要给再一次的联络埋下伏笔。

⑥ 总结。这也是咨询过后的总结过程。深刻体会各种家长的类型，并对家长们常见的各种问题进行归纳总结，以便在以后的沟通中做到信手拈来，提高自己的专业化程度。

5.3.3 实践一次成功的家长到访

理论终究是需要实践来证明其正确性的，理论来源于实践，实践又高于理论。我们通过一次我自己的成功的咨询经验，来实际感受一下家长当面到访咨询的过程和感受。

还是我之前在线上招生部分讲过的一个案例——我们暑期的新初一英语 0 元班（简称"0 元班"）和微课堂这两个相结合的产品。

我们要做的是通过线上的微课堂引流，将家长转化到线下的培训班进行学习。培训班的第一步是 0 元班，然后在逐渐向正常班过渡。从线上到线下的转移就是这一流程中最为重要的一环了，也是决定能不能够留住生源的一次重要互动。这次到访咨询的成功就意味着这个客户基本可以成功签单了；而不成功则意味着我们不仅失去了一个线下的客户，很可能在线上也失去了一个用户。

通过我们假期的微课堂，Candy 老师每周二、四、六都会在我们的微课堂的微信群里对"小升初"阶段的英语课程做耐心细致的讲解，也吸引了一部分家长的关注，这为我们后续的转化提供了保障。有了微课堂做背书，在咨询当中按照我们的宣传，在六月初开始，每周二、四、六，Candy 老师准时 19:30 分在微信群里通过语音讲课；我们也会提前把讲义发送在群里，以便大家自己打印。

讲了将近一个月，大家也逐渐熟悉起来，人数也越来越多，有些家长也乐于把我们的微信群介绍给其他家长，我们的课程也逐渐得到了认可，是时候把线上的资源转化到线下了。我们开始将 0 元班的课程推向群里。

也正是借助这样一个契机，我接待了一位跨区前来咨询的家长。说"跨区"是指培训班开在哈尔滨市中心的南岗区，而这位家长所在的区域是香坊区，也在哈尔滨市区内，不过两者间有一点距离，差不多半个小时的车程。

早上九点左右，在培训班门口闲逛的我接到了一个陌生电话："喂，你好！"我说道。

然后对方含糊了半天，听得出来是一位中年女性。可能是因为信号不好的原因，我听了一会儿也没听清是谁，但是我心里比较有数，八成是微信群里的某位家长。所以我没有急于挂断电话，耐心地跟她说："你的信号不太好，我大概听到你说你是微课堂的家长是吗？"

接着，她大概是听到我说的话了，能听得出她正在走路。挪到了一个信号清楚的位置，我终于听到她讲的话了："你好，是宇航教育吗？

我是微课堂群里的家长，我看群里消息说有0元班的课程，所以我想过来了解一下，你们具体位置是在南岗区中山路吗？我一会儿就到了！"

一会儿就到？因为事先没有其他的约定，所以我对于她的突然到访，有那么3秒钟的吃惊和迟疑，但是很快我就恢复了常态："是的，是在中山路，工人文化宫车站旁边就是，您大概几分钟能到？我在门口迎一迎你吧。"这时我已经走到了门口。

话音刚落，就听对方说道："车站旁边？那我看见了。"

速度可真快！根本不给我准备一下的时间，好在我足够专业！

这时我已经看到她了，我向她示意了一下。她快速地走了过来——一位中年妇女，透着一股干练的感觉。

走过来还没等我开口，她就说道："你是宇航的吧。你这地方还挺好找的，我按地址就直接找来了！"

我回应道："你好，我这是宇航教育，我姓杨。当初选址就是为了方便大家，所以好找！"简单地寒暄几句之后，我才了解到她从香坊区过来，因为到这边办事，所以顺道就来看看。她想给女儿报一个暑期的英语集训营，因为一直在听我们的微课堂，又是头一次听说"0元班"这种新鲜模式（对于哈尔滨来说，"0元班"这种操作不是很常见），所以要亲眼看看，是什么样的老师，是不是真的不收费。

根据她的疑问，我就可以简单判断出，她不是特别懂教育，更加不懂教育培训这个行业，对于现在培训班流行的运营方式也不够了解；虽然她看起来干练，但属于非职业性的干练。在作出以上大致判断之后，我在脑子里简单地过了一下方法，要想留住路程这么远的用户，就要利用她的心理活动做文章。

我首先肯定了我们的确有不收费的课程，除了10元钱的材料费，其他的费用确实不收。收材料费是我觉得需要家长拿出一点东西，能够保证他们报名以后确实能来上课。因为会有很多人觉得 0 元班嘛，反正先报上名呗，去不去再说。而这 10 块钱就相当于一个报名费用，让家长觉得我付出了 10 块钱，虽然不多，但也不能就这么扔了。

在说明了费用问题以后，也得到了她的积极回应，表示这个没问题。在这一过程中我一直在带她参观我们的教室，她对于墙上我的简介很感兴趣，因为简介上写着我是哈尔滨工业大学研究生毕业。在哈尔滨本地，哈工大的影响力很大，口碑相当不错，基本上代表着哈尔滨市高等教育的最高水准。在我们本地，如果一个人的背景标签有"哈工大"这三个字，是会加分不少的。抓住了这一点心理，我向她讲了我自己的考研经历，也和她分享了自己从中考到高考的简单心得。

我想应该也正是这一点打动了她。之后我找来了 Candy 老师，凭借 Candy 的专业，又根据哈尔滨的中考形式分析了英语学习的现状，重点表明了自己中考时英语成绩满分。这也是我们宣传的一个点：只有亲自经历过并取得优异成绩的老师，才能更好地把方法传授给学生。这正是 Candy 老师的强项。

在开诚布公地介绍完这些之后，我就顺势跟她说明了 0 元班培训课程结束以后，后续的课程就是收费的了。这时由于家长已经对我们比较认可，也因为对于我们的资历的认可，这位家长就毫不犹豫地报名了 0 元班，并表示后续如果效果好，会继续跟着我们学。

最后结束了这次咨询，我还将印有我们培训班 LOGO 的水杯作为小礼品送给了她，并且直接送她到门口目送她离开。

之后在结束了暑期课程之后，她也顺利续班，继续在我们的初一基础班报名。之所以安排在基础班，是根据学生的学习程度决定的。

总结：通过这一次的咨询体验，我们可以看到，一方面是我们自身要具备专业化水准，另一方面也要抓住用户的心理，特别是对我们培训班有利的方面。抓住之后就要展开攻势，突出我们自己的优势所在。如此，则基本上就能够锁定用户了。同时，一些小的细节，诸如礼貌、耐心等也是必要的素质。把握住能让用户喜爱你的点，就是我们成功咨询的一个关键。

● 5.4 试听课与宣讲会咨询

　　培训班每开一个新的课程体系，都需要安排一节试听课；而要想在线下大规模聚集家长，宣讲会或者说是公开课也是要准备的一种形式。通过这两种类似的方式，我们其实也是在做咨询，同样可以转化来不少生源。所以这一部分我们主要研究一下试听课与宣讲会的咨询。

　　这种免费的活动看似费力不讨好，但却是一种非常实在的咨询转化方式，也是我个人比较提倡的除了线上运营外，对中小培训班最为合适的另一种宣传咨询方式。

5.4.1　试听课咨询

　　试听课，顾名思义就是正课开始前的"试用装"。既然是"试用装"，在体量上就不会过大，但是在质量上要确保和正品一致，试用过的人才会购买你的正品。如果你的"试用装"虽然体量很大，但是质量比不上正品，那用户对你的正品也是不会问津的。

　　有了以上的认知，就清楚地知道试听课的重要性了。它不能没有，也不能过量；程度应拿捏适中，气氛更要恰到好处。

　　基于以上的认知，我为培训班的试听课环节给出了一些基本要素：时间和正课时长一样，但只用三分之二时间讲课，这三分之二的课程质量要和正课的质量一样；同时，要利用好剩余三分之一的时间，在结尾处要留有悬念，需要上正课才能揭晓悬念，给家长学生以报名的动力；最后给予家长们充足的报名理由，这就要看老师的服务态度了。

那么，要让家长带学生来听我们的试听课，前期的宣传应该如何去做呢？我大致总结了几个方法，或许不是很全面，但都比较实在。

（1）线上宣传

没错，又是我最钟爱的线上。尽管说了很多次，但我还是要说，线上是我们中小培训班创业之初最重要的宣传方式，一定要做好。

关于试听课的线上宣传，可以从以下几个方面着手。

首先，朋友圈分享点赞。我们可以编辑好文案和海报，把我们试听课的内容整理进去，然后发送到朋友圈，让家长们集赞并报名，即把我们这条朋友圈转发，之后获得一定数量的赞，即可获得免费试听课的机会。很多家长对于免费的东西都不上心，这也是人的通病。而对于需要付出点什么才能得到的东西，却趋之若鹜。集赞就是当下很好的一种方式，既满足了家长们喜欢点赞的心理，又能够起到帮我们宣传的作用。何乐而不为呢？

当然，我们也可以设置一些措施，让他们转发朋友圈，比如转发朋友圈且 24 小时不删除，即可获得一个小礼物，或者一套经典试题等。然后，有些家长就会转发，并且我们要求家长到线下的培训班去取礼物，所以这就给了我们与客户在线下接触的机会。我们就可以借助赠送礼物的契机，来宣传我们的课程。

比如，可以说礼物要去库房取，需要 10 分钟，那么在这 10 分钟之内，我们就可以带着用户参观一下我们的培训班，并简单讲解我们的课程，到了 10 分钟，把早已准备好的礼品拿出来就可以了。这样简直是一举两得。

其次，除了发朋友圈，还可以直接把我们的试听课做成文案，发在公众号上，在各个家长群里转发，以相同的赠送礼品的方式要求家长转发，同样能够达到效果。

（2）地堆宣传

当然，还有最传统的方法——地堆发传单。如果说平时的传单没什么用的话，那么只听课的传单我想还是要发的，起码比起平时的普通课程还有那么点吸引力。其实，免费试听课的传单会很好发，不过，切记要提高发单人员的素质。

（3）公立学校宣传

如果说正课我们没办法进校园的话，那么这种免费的课程是能够与一些公立学校联系的。找到我们比较熟悉的公立学校，通过一些关系，或者直接进校园宣传，或者由学校老师宣传。总之，进入校园以后，确实能够聚集到更多的人来我们的试听课，因为毕竟有学校老师做背书，对于这所学校的学生和家长来说是很有说服力的。

不过这种方式还是比较需要资源的，对于一些中小培训班不是很实用。当然，如果有资源就要用上，千万不要浪费。

（4）以往的积累

这个方法光说显得比较空泛，我用自己的例子具体讲一下。

我们组织了一个新班的试听课，其中的一个报名学生就是我以往积累得来的。我和这位家长很早就互相加了微信好友，也经常能够看到对方发的一些朋友圈，但是她从来没有咨询过课程。我准备要开设新班时，就预先制作了文案和海报，准备在朋友圈传播几天。当我第一天发出去之后，不到10分钟，就收到了这位家长的微信，咨询这个新班的课程。基于过往在朋友圈中积累出的信任，在我简单说了情况之后，5分钟之内她就决定带孩子过来参加试听课。

这其实就得益于平时对于一些目标客户的积累，我在前面的章节提到过，这个叫作"点赞之交"和"情感账户"。我们需要在平时培养一些这样的用户，他们虽不是你马上进行课程推广的对象，但是你却一直默默地在朋友圈里对他们进行"软营销"，还经常给他们的朋友圈点赞。经营一段时间之后，情感账户达到一定数值，这些人就会轻松地转化为我们的用户了。

5.4.2　试听课教师话术

试听课的成功与否，除了宣传的作用外，最重要的就是上课的老师了。老师的选择一定要和正课的老师一样，不能因为是试听课就换成其他的老师；授课的质量不仅不能比正课差，还要跟正课一样甚至更好；应该占用正课三分之二的时间来上课，剩余的时间来讲解我们的正课，为开新培训班做准备。那么问题来了，要求缴费的时候，老师要说些什么？这就是老师作为试听课环节最重要存在的原因了，因为真正的课程推广工作都是试听课老师在课堂上做的，那么具体的话术是什么呢？

首先，就是在讲授课程的最后留有悬念。例如："那这道题最后的结果是什么呢？老师在这里先不说，当作留给大家的小作业，大家回去得出结果之后，我们下堂课公布答案。"这样既可以完美地结束课程，又制造了悬念，顺理成章地进入到续班缴费的环节。

其次，要根据课堂上的表现，指出学员们的不足之处。通常情况下，大家会有一些共性的问题，老师一定要指出，同时也要针对个别同学，有针对性地说明一下。这样就制造了关注点，培养了家长们的危机感，为下一步续班正课做好铺垫。

那么，有了危机感和关注点，怎么解决呢？答案当然就是报名我们的正课。老师要向家长们保证，上了这一期的正课，学员们会达到一个什么样的程度，之前所说的关注点会有效地解决多少，让家长自己想明白其中的道理，并选择课程。

最后，就可以把话题引导到报名缴费上面，可以说当场缴费赠送一个什么试题或测试之类的东西即可。

基于以上的流程，相信大部分之前就对课程感兴趣的家长，基本上就会打消顾虑报名缴费了。

5.4.3　公开课宣讲会

宣讲会又是一种区别于试听课的形式。它类似于一种讲座或者是公开课。而不是单纯的宣讲培训班，否则也不会有人去听的。而这种公开讲座的秘籍就是：有"大咖"的分享！例如，当地知名学校说明会、教育家谈家庭教育、专家解读中高考政策、往届中高考状元分享学习经验、专家分享高效学习方法等类似这样的主题。

家长选择来听讲座，必然有他们考虑的因素在里面。我们能通过这样的形式获取什么资源？我想一方面是家长的联络方式，为我们后续的招生咨询作储备，另一方面就是宣传我们培训班的时机，通过相应的分享，提出解决的方式方法，而解决的载体通常都是培训班，方式就是我们的课程体系。

例如：专家解读中高考政策，解读之后必然要回归课堂，那么根据高考政策我们应该如何备考？我们的课程体系就能够帮你解决；往届中高考状元分享学习经验，谈及学习方法和习惯的培养，怎么落实这些方

式？到培训班来学习；教学"大咖"分享实用的学习方法，先进的教育
理念怎么实施？来到某某教育培训班。类似的话题都可以延伸到培训
班，这也为培训班起到了宣传的作用。

5.4.4 宣讲会教师话术

那么，又回到刚才提到的一个问题上，这类形式是个需要资源的做
法，而且还有些费力，那么我们为什么要做？应该怎么做？

为什么要做已经说过了，那么应该怎么做呢？

其实还是对到场家长的一种危机意识的培养和关注点的传播。

例如，可以直接上话术："你们的孩子想要考某某名校，我们可以
看看近几年的分数线，一般都维持在 ××× 分，要想得到这个分数，
需要数学至少 ×× 分，语文至少 ×× 分，英语至少 ×× 分，数学这
道大题就是'坑'呀，你能保证你的孩子一定过得去吗？英语作文一定
会扣分的，你能保证其他题目全做得对吗？"……"怎么解决，可以到
某某培训班，专业办学，实行分层教学和个性化管理，针对不同学生作
出学业生涯规划……"

这些基本上是能够得到一部分家长的认可的，当然，其实对于中小
培训班来说，操作起来有难度，还会有人觉得这是在营销家长。其实我
倒觉得未必如此，因为有很多事实却是如讲座所说，而有些家长却是不
太懂得其中的道理。不管怎么样，我们作为教育工作者的底线还是要有
的，讲座的内容不能虚。

这就是宣讲会和公开课。

● 5.5　推荐适合的班型与老师

在咨询过程中，如何给意向学生推荐合适的课程，是最能体现我们办学培训班专业化的地方。与此相对应的，对学生程度的把控尤为重要。本节我们简单谈一谈如何给学生制定个性化课程体系以及学业生涯的规划问题。

5.5.1　结合学生所在学校推荐

我们对于一个意向学生的判断，除了报名阶段的入学评测以外，最直观的反映应该就是学生平时就读的学校在当地的教学思路和水准了。

对于那些入学评测成绩不太好且就读于普通学校的学生而言，夯实基础就是最重要的学习目的；对于入学成绩尚可，但就读于普通学校的同学，适当的拔高也是有必要的，但前提也是夯实基础；对于入学成绩评测良好且就读于名校的学生，拔高培优就是他们确定的选择；而对于出身名校却在入学评测中成绩一般的学生，我们就要重点分析了，他们的背景如何？入学评测是什么原因导致的成绩差？是某一部分知识点薄弱吗？然后再根据具体情况，制定相应的科学合理的个性化课程推荐。

当然，这种方式更加适合初高中的推荐方式。

5.5.2 结合学生所学程度推荐

排除学校的因素之后再来看，仅仅根据学生的学习程度区分，更加适用于小学阶段。因为从大数据角度分析，小学阶段对于一个孩子的影响其实是不及初高中的。所以，在抛开学校因素之后，我们来切实地结合小学生的学习程度推荐相应的培训班班型。

入学评测成绩尚可，但是没有良好答题习惯并且错误很规律的学生，其实并不适合培优提高班；入学测评成绩一般，但是能看到有思考的痕迹体现在评测上，就具备了培优的资本，这类学生建议现在基础班夯实基础，后续看成绩的提升再看是否转入提高班；入学成绩评测一般，且没有良好的答题习惯而且错误性规律强的学生，基本上只能选择基础班型了，一步一步夯实基础；入学评测成绩尚可，且在答题中能够看出思考的痕迹，我们就可以介绍到培优提高班，重点培养了。

基本上，结合学生单科的学习程度的推荐就是以上这些了。

5.5.3 为学生规划合理的学业生涯

学业生涯规划已经越来越多地受到家长们的关注，也有越来越多的中产家庭愿意为教育咨询来付费了。这其实是教育培训行业发展到现在阶段的一个必然产物。我们为学生推荐适合其学习程度的培训班类型与老师，其实就是学业生涯规划的一部分，但这并不是全部。学业生涯规划还包括："小升初"择校、中考填报志愿、高中文理分班、高考填报志愿选择专业，考研计划以及就业指导等。

普遍来说，我所提倡的分层教学法和个性化辅导方式，其实就是为学业生涯规划布局。针对学生个性化辅导并制订相应的学习计划之后，就可以顺带为学生提供学业生涯规划的指导意见，尽量提供给他们最科学的志愿选择和未来规划。

因为我自己也是从学生时代走过来，在我上学的那个年代，所有的升学选择都是自己摸着石头过河，一点点地探索出来的，有选择就有迷茫，那时候迫切地需要一个能够给我指导建议的人，很可惜那个年代了解这些的人还是太少，父母长辈大多对此不甚了解，老师不能够给所有学生一一解答。在那个培训班还是小作坊的年代，行业整体并不成熟，没有那么多的专业指导可以提供给学生和家长。

所以我也希望现在能够将我们所得到的经验和教训，全部毫无保留地传授给我们的学生，希望他们不再像我们当年那样没有方向、一头雾水。将选择的成本降到最低。我想这是教育培训行业跟随时代发展所必经的阶段。

现在已经有很多培训班开始提供一些与志愿填报相关的咨询服务了。但是这个市场还不是很成熟，这也就给了我们一个机会，一个成为学生们的学业生涯规划师的机会，不仅是志愿的填报，更是整个学业生涯的学习与选择的规划，帮助学生们以最低的成本作出最适合自己的选择，少走一些弯路。

从我们那个时代过来的人，大都在学业生涯上走过一些弯路，如今的录取政策的改变和互联网技术的发展，也让现在的学生有了更多便利的条件和辅助工具，所以，对自己的学业作出合理规划就显得更加重要。

• 5.6 家长类型问题总结

咨询过程中，有意向的家长一定会提出一系列问题。要想把这些常见的问题都总结出来，是需要花费一定时间的。我们不妨从另一个角度来看待这个问题：不同的问题出自不同家长的口中，那么家长的类型特点就基本决定了他们会问什么样的问题。之前的招生口碑传播部分，我们已经给家长分了几个类型。这一次我们可以从多角度、多维度给家长们进行分类总结，尽力把各种家长的类型分析清楚，详细了解每种类型的家长们的常见问题是什么。

5.6.1 家长性格特征分类

按照性格特征，我们大致上将家长们分为几种类型。

① 态度友好型。此类家长比较好交流，基本上我们将自己的课程和价位以及教学方面向他们表达清楚，就能够成交。

② 性格直接型。此类家长性格比较强势，可能是比较有钱，也可能是出身背景决定了他们的性格，总之他们会很直接地和你交流。记住：只要我们自己足够专业并做到有足够的信心，也是大概率能够成交的。

③ 分析投资型。这种家长对于各个培训班的各种服务和课程体系都会深入地了解，并且对老师的选择也十分地挑剔。他们会分析比较各

个培训班的各种相关课程，而我们要做到的就是帮助他们分析我们的课程优势所在，促成成交。

④ 顽固难缠型。这类型的家长会纠缠于自己固有的一些观念，比如选择老师要选名校的老师，还要看别人的证件等。面对这样的家长，我们要从教育行业的发展趋势给他们讲明道理，要求这类家长以专业的眼光看待教育问题，不要沉浸在老一套的旧观念里。

⑤ 随便看看型。要在短时间内把危机感培养起来，激发家长们的关注点。这一部分以前也有讲过。

⑥ 大包大揽型。还有一类家长，习惯于对孩子的学习全面掌控、大包大揽，咨询时不带孩子来，这使得我们无法直观了解孩子的学习情况，我们只能通过侧面了解来推测孩子的具体情况。

⑦ 价格焦虑型。这类家长对于学费问题十分敏感，那我们就要讲明事实，让家长们明白教育投资是对未来的投资，是值得让孩子拥有更好未来的投资。

5.6.2 家长条件分类

① 咨询但无意向。这一类是需要我们长期课程推广的家长，我们要与这一类家长建立长久的联系，并在情感账户里进行储值。

② 条件好但是没有准备的家长。这样的家长是比较好进行课程推广的，我们只要准备充分，发挥我们的专业优势，拿下他们就会十拿九稳了。

③ 条件好又准备充分的家长。这类家长是比较有文化水平的。他们一般会挑选几家培训班，进行课程和师资力量的横向对比，在咨询的时候也会认真倾听并提出自己的专业化问题。对于这类家长，我们主要看他们最关注的点在哪里，然后突出我们在这个点上的优势。另外，还

是要表达我们分层教学的理念，领先于其他的培训班。如果我们能够与学生更好地交流，那么也会给我们的成交增添筹码，因为这一类家长是会更尊重孩子意见的家长。

④ 条件一般而又很懂教育的家长。这是我们进行课程推荐的难点和重点，他们会很精明甚至精打细算，而且比一般家长更懂教育，那么这一点其实就是我们能够营销的核心。因为我们足够专业，所以如果碰到懂我们的用户，其实营销是更好做的。以我们专业化的咨询服务赢得他们的信任，从实际问题解决困难，让家长们相信这些困难是我们培训班能够解决的。

举几个简单的例子。

例如：很多家长都会亲自辅导孩子做作业和学习，时间久了，学生就对家长产生了依赖，根本不会自主学习。前面我们也说过，自主学习是高年级学习的核心理念，应该尽早培养学生的这种能力。家里出现这种情况的家长，我们就要强调我们关于教学方法的学习，将我们的教学模式讲清楚，强化家长们的认知。

再比如：很多家长会说，我很认同你们的教育理念，但是学费比别家贵。对于这种精打细算的家长，我们要强调我们会提供与学费等价值的服务，适当时候可以稍微优惠一点或者赠送小礼品，但要给这类学生制定一个长期规划，培养成为长期的客户。

还比如：有些家长会说，我很懂你们的教育方式，我也比较认可。可是我家孩子没有学习兴趣，教方法就无从下手，那这个怎么办？这个问题问得好，我们回应时可以适度地转移话题，问及孩子为什么没有学习兴趣，并告知家长要培养孩子的学习成就感，例如一些小奖励之类的，从而激发孩子的学习兴趣。

　　另外，我们还会遇到一些本身就是高级知识分子的家长。他们的问题会比较专业，尤其是咨询过几家培训班以后，他们会对行业平均水平有一个大致的了解，再加上他们的专业性，就会在气势上给我们咨询造成压迫感。他们会直接提出来，让我们分析自己课程的优势以及怎么保证孩子提高成绩。这时我的经验是，冷静对答，因为要相信自己一定比家长更专业，从对方的需求点或者关注点入手，将需求点放大，持续给家长营造危机感，体现出我们的专业性。

第6章

———

教育培训行业的互联网与新媒体运用

　　教育培训行业作为传统行业，已经发展了 20 多年，而互联网进入教育培训行业已经有一段时间了。通过互联网为培训班招生引流，是目前行业内比较关注的话题。

　　而微信作为互联网应用的载体，在培训班中得到了越来越多的应用。我们可以通过设置个人微信号与家长建立情感联系，可以通过线上的微课堂包装自己的"明星"老师，同时也可以通过我们的公众号实现培训班自媒体的运营。个人号、微信群和公众号互相配合，形成线上运营的闭环，为线上做活动促进招生提供支持。

● 6.1 通过互联网引流

在传统的招生咨询的基础之上，互联网运营作为教育培训行业新的经营模式，应该更多地被我们所重视，尤其是作为中小型的初创培训班，我们更要以一种互联网的思维来看待教育培训行业招生和咨询这件事。我曾多次强调，这是我们中小培训班能够运用到的成本最低的模式和方法。所以，这一章节我们从互联网的视角，以一种领先传统教育培训行业的思维，来看待线上招生这件事，也以此来谈一谈教育培训行业中互联网和新媒体的运营和应用。

6.1.1 教育培训行业的互联网运营

那么首先，问题就来了，什么是教育培训行业互联网运营？

简单举个例子。比如，微信公众号就属于运营，我们做家长微信社群的各种活跃也是运营，我们做线上这一块，设置一个培训班的微信号，那么这个号的微信朋友圈如何去发以及个人微信号如何设置，都属于运营的范畴。

那么，运营就只有这些方面吗？显然不是，因为运营是一个范围很大的概念。

从互联网这个行业来看，运营是一种负责连接产品和用户的流程。

运营的动作是通过各种各样的心理学手段，让用户去完成各种各样的配合操作。这是互联网在我国发展 20 多年来，形成的一整套深厚而系统的心理学打法。

我们之前对于要营销的对象有很多称呼。最直接的是家长，也可以称为客户。之前的篇幅里都没有一个统一的称呼，那么基于互联网这一部分，我们将他们统一称为用户。

如果不是互联网的从业者，我们可能感受不到这种运营方式带来的行业变革。不会意识到他们在刻意引导你的行为，但是我们还是会按照他们设定的模式去做，这就是运营的魅力。如果我们能够把目前最先进的这一套互联网经营方式，运用到教育培训领域，那么我们就领先行业很多了。如果稍微关注一下互联网，我们就会看到这种互联网的运营思维就在我们身边。

例如，每到"双 11"来临之际，为什么大家会控制不住去购物？是淘宝和天猫做了哪些操作，让我们控制不住购物行为吗？是的，这就是一种互联网的运营。

还是拿"双 11"举例。"双 11"的红包裂变就是一种用户裂变的模式，就是让大家产生一种传播的效应。那么，我们的教育培训行业的用户裂变又是怎么回事呢？

简单地说，教育培训行业的用户裂变可以说是我们刻意地引导用户去做一些动作，让用户与我们的产品发生关系。在这个过程当中用户所形成的传播效应，就是用户裂变。

我们还是先来看一下面对的用户是谁。作为 K12 领域来说，我们面对的用户分为两类：一个是产品的使用者也是消费者，也就是我们的学生；另一个是产品的决策者，也是付费者，也就是家长。我们可以对用户的种类进行一个用户画像，就像我们之前对家长和学生进行了各种不同类型的分类，都属于用户画像。每个家长可能都会拥有几种属性，可以将几种类型的性格特征，拼接成一个人物形象，代表着一类人群的特征。

6.1.2　线上完整体系

那么，当我们从互联网思维出发，以一个用户的角度去看待线上培训班运营，那么一套线上完整的招生体系是什么样的呢？

我们大致从以下5个方面来看这个问题，这也是我们通过线上运作所要达成的目的。

① 对于暂时还没有需求的大众用户。可以先给他们留下深刻印象，让他们知道你，并且在有需求的时候就会想到你。

这实际上就是一个自我定位问题。我们要达到一个目的，就是通过线上的充分曝光，让更多的人知道我们，并且知道我们是做什么的，有培训需求的时候能够想到我们就可以了。

比如说，有句广告词：怕上火，就喝王老吉。那么如果真的上火了，我们可能就会想到这句话。放到教育培训行业来说，我们首先就是要让家长知道培训班，然后要让其了解主要的课程特点，比如分层教学、学业规划等标签都可以灌输给家长，或者说"我就是教少儿英语的""我就是教硬笔书法的"等，让家长对培训班有这样的认知，是属于我们自己的价值。

当用户——也就是家长们觉得，要给自己的孩子提供一个个性化的教学，或者需要给孩子作一个有针对性的学习规划，或者想给孩子报一个英语班或者一个硬笔书法班，那么他们就会想到我们。因为此前已经有了一段时间的积累了，再加上我们用来给自己曝光的标签，使得用户有了需求以后就会想到我们并且找到我们。

②　对于一般的用户。我们要做到让新用户关注到我们之后，能够迅速了解培训班，并产生好感。

这一部分的线上运营，我们需要配合培训班的公众号来做，比如新用户关注我们的公众号之后，会有一条自动回复，这个回复的内容就属于一个让家长了解的渠道。

我们可以将最新的活动信息推送给他们，也可以有一个培训班的简单介绍，包括培训班类型和课程体系以及我们教室的样貌图片，使用户对我们有一个直观了解。另外，培训老师的介绍要具体一点，可以让用户对我们的老师有一个具体、直观的了解。

③　对于已经产生好感的用户。能够在我们这里找到符合自己需求的产品，并作进一步的了解。

比如说，我们有初中英语的课程，而用户——也就是家长们通过之前的接触，已经知道了培训班，也知道我们有英语的课程。那么针对不同用户特点，他们应该报名哪个程度的课程，就是我们这一阶段需要提供的服务。

④　对于已经有了需求的用户。引导用户通过线上平台直接报名，并完成付费的整个流程。

⑤　对于已经付费的用户。我们也可以在转介绍上寻求他们的帮助。

比如把我们编辑好的文案加图片，或者公众号文章推送给他们，请这类用户帮助我们转发进而辐射出去。

以上 5 个问题，利用 5 个步骤如果能够完全解决，形成一套基本的流程，那么我们的线上招生体系也就基本完整了。

6.1.3　用户分级理论

以上所说的一整套动作流程，其实就是基于互联网的用户生命周期理论而形成的。对用户的生命周期的划分其实就是把用户的行为天然分为几个阶段：初步了解、产生兴趣、产生信赖、产生付费行为、转介绍。

而每个阶段都会有用户的流失，只有少数用户可以进入到下一个阶段，而进入下一个阶段的原因，就是所谓的情感账户的相互储值。

这种流失我们可以看成是一种转化率的漏斗。对应每一个阶段，我们用 5 个词来一一对应：展现、点击、访问、咨询、订单。每一阶段往下一阶段的进化，都会有用户流失，那么每一阶段也都会有用户进入到下一个阶段。

举个大家都知道的例子。比如说，某培训班某一个暑期印了 10 000 张传单，并发给了家长，然后其中会有 1000 个家长看了传单，里面又有 100 个家长产生了兴趣拨打了咨询电话。这些拨打过咨询电话的家长，我们又约到了 10 个人来到培训班，或是当面咨询或是参加试听课，而最后只有 2 个家长跟我们成交。这就是一个用户的转化漏斗。

接下来，基于以上的理论，我们将认知再次升级，对用户进行分级，也就是**用户分级理论**。每一个用户都处于不同的阶段，而每一个阶段的付费意愿其实都是不一样的，越接近后面，付费的意愿越强，我们根据付费意愿的强弱，可以把这些用户分为 ABCD 等几个等级，根据不同等级的用户，我们进行有针对性的服务，从而达到高效成交的目的。根本上也就是针对不同等级的用户，采取不同的措施。大大地提升了我们的工作效率。

举个例子描述一下分级理论：你的培训班设置了一节微信上的公开课，目的是将用户引流到线下，参加我们的线下课程培训。首先发布了微课堂的海报，要求用户们将海报分享到朋友圈，并添加微信，然后进群上课。借助这个流程，我们可以简单地给用户进行分级。

首先看到微课堂海报并添加了我们的微信好友的用户，我们可以定义为 D 级；添加好友之后，能够将海报转发到朋友圈的用户，我们可以定义为 C 级；发完朋友圈的好友，可以进入到我们的微信群里，那些在课堂中踊跃发言并提出问题，并在课后给老师点赞等。完成这一系列动作的用户，就可以定义为活跃用户，也就是 B 级；最后我们对这些用户进行一对一的私聊，了解用户的具体情况，其中对我们线下课程产生兴趣的用户，我们就可以将其定义为 A 级。

6.1.4 用户分级理论的作用

那么，用户的分级有什么必要性吗？大致上我从以下 4 个方面来谈它的作用。

第一，可以将整个转化的动作拆解为各个小的步骤来做。比如，我们最早的目的是把线上课的用户引流到线下。在对用户进行分级之后，就可以把这个大的目标拆解为一个个小的步骤。首先是如何加更多的好友；之后是如何让他们转发；进群以后如何让群更为活跃；如何让更多的用户表明报名的意愿。

第二，可以通过对每个等级的数据测算，发现我们整个流程的问题出在哪里。比如，之前的加好友和转发做得都很好，然后用户进到群里之后，群就不太活跃，那么我们就可以对群的活跃度进行优化。如果是加了好友之后，转发朋友圈的人数比较少，我们可以就提高转发率来进行相应的优化。

第三，可以通过每一等级的用户特点，找到我们的精准用户。 比如，A 类用户都有哪些特点，包括某一科目比较薄弱，或者是他们都来自某学校等。发现他们的共同特点，有助于我们完成精准用户的查找，并对这一类用户加大力度转化。

第四，合理地调整工作重心。 也就是刚才说的，找到我们做得不好的环节和我们的精准用户群体，然后调整优化这一步骤，使整个流程更加合理。

6.1.5 用户分级理论的步骤

当我们明确了用户可以分级之后，我们就要具体操作了，我大致将用户分级理论分为了 4 个步骤：明确分值、摸索提分动作、回顾提分动作、形成固定运营模式。

（1）明确分值

我们可以将用户的每一个动作分别定义分数。比如：用户进入了你的微信群，可以将该用户的进群动作定义为 200 分；之后在群里发言就定义为 300；与主讲老师有互动可以定义为 400 分；有报名课程意愿定义为 500 分；产生付费定义为 800 分；传播转介绍定义为 1000 分。那么，我们一切的工作就可以量化来处理。

这里要明确一下：不是达到多少分值，才能完成相应动作；而是用户先完成了这个动作，那么就证明其达到该分值。

（2）摸索提分动作

你会发现，在你做了某些动作之后，用户的行为往前更近了一步，分值也提升了。这就是提分动作。但是针对不同的用户，每个提分的动作都是有不同分值的。比如，可能是你给用户点了个赞，那么针对某一用户，分值可能从 200 提升到了 300；而对于另一用户，这个动作可能就不会起到作用。那么我们就刻意针对每一个动作，去反复验证对不同用户的提分效果，从而达到对某一类用户，就用某一种提分动作，就能达到效果的功效。这样，也能够形成我们自己的一套用户体系。

（3）回顾提分动作

如果说摸索阶段是针对用户微观上的行动，那么回顾提分的动作就是宏观上的操作。当我们验证了某一个动作可以带来提分的效果之后，把这一动作应用到更多人的身上，做一个大规模的验证，最终形成一套固定的运营模式。在某一的阶段，对于某一类用户就用一种方式，另一类用户就用另外一种方式。做到当你看到这类用户的一种行为，你就知道该如何应对，并让他转化到下一个用户层级、下一个阶段，一步一步引导用户以实现线下付费的目标。

这一套固定的运营模式，就是我们回顾提分动作的步骤。

（4）形成固定运营模式

也就是将那套运营模式固定成形以后，应用到每一节线上课程和每一个微信群当中，大规模地复制，最终形成我们培训班自己的线上运营SOP，即标准化可执行方案和流程。

• 6.2 如何建设你的微信号和朋友圈

上一节说了引流和用户分级理论，那么我们引流所需要的工具就是微信了。但是你不能都用个人微信号去做线上的运营工作，因为每个微信号都要加很多的家长，用我们自己的微信就显得不太合适，如此就涉及新注册微信号来为培训班加家长和运营使用了。可能一个培训班的工作微信号需要很多个，也需要专人来运营。这一小节中我们就说一下，这个微信号如何设置以及朋友圈如何运营。

6.2.1 微信号如何定位

既然要建设培训班的个人微信号和朋友圈，那么就要首先设置你的个人微信号了。如何设置，就取决于你是如何给这个微信号定位的。我大致从以下 3 个方面来给微信号作了定位：面向谁；扮演什么角色；想要传达什么。

➤ 面向谁。培训班微信号，面向的人群当然是我们的用户，大部分是家长，也有少部分的学生，因为现在的初高中学生使用手机有微信号也很正常。那么一般情况下，家长可以根据年龄段来划分：小学生的家长，大概在 40 岁以下；初高中生的家长，大概在 50 岁以下。

➤ 扮演什么角色。基于你面向的人群，去给你的微信号做一个人物设定。比如：面向小学阶段的家长，我们就要扮演一个家庭教育专家的角色，除了能够解答学习方面的问题，还能对家庭教育给出一些小建议；如果面对初高中家长，可能学业生涯规划师的角色就会比较适合。再比如，我认识的一位英语老教师，在微信上把自己塑造成"英语奶奶"的角色，因为本身她的年龄比较大，这个形象比较符合她的气质。她花了十几年的时间研究了一套英语记忆法，真的给人一种慈祥的感觉，家长对这样的形象也比较认可。

➢ 想要传达什么。就是你能够给用户提供什么样的内容。比如K12领域，我们可以做初高中教育培训的精华传播者，传递各种学习内容的精华；或者学员的生涯规划专家。这样的人物设定和内容传播上既成熟又丰满。再比如，我认识的一个做体育业务的培训班，他们的微信号传达了一种健康生活的感觉。看到这个朋友圈，就能联想到运动、足球、篮球、运动达人等，这样就扮演一个专业的角色，比较符合相关的内容。

6.2.2 微信号如何设置

给微信号作好了定位，就要具体地设置微信号了。我们就从最基本的设置说起。

（1）昵称

关于昵称，我总结了一个"三要三不要"原则。

"三要"：要好记，要方便输入，要有积极感。不要让别人想不起来你叫什么，不要用一些符号表情之类的或者繁体字，这样不好输入，更不要叫一些感觉不好的名字，比如忧伤的、易忘记的……

"三不要"：不要带 A、0 和电话号，不要带培训班名称，不要用表情符号。

因为 A、0 和电话这种一看就是微商的操作手法。你去加家长好友，很大概率不会通过，即使通过了，第一印象也不会太好，给我们情感账户的储值带来难度。这种做法的初衷是想使自己在通讯录中排名靠前；但是实际情况是，即使排名靠前，用户也不会主动联系你。不要带培训班名称，因为正常情况下的微信一般是不会把工作带入到生活中的；而且回想一下，我们会发现带有培训班名称的多数为公司的小号。这样会让家长感觉：你加了我是要营销我。不要带表情符号，包括礼物、礼花等这种表情，想要引起别人注意的表情，给人的感觉更是像微商；而且这种表情已经被微商们用得多了，不要再用了。

我们做的是教育产业，是教育培训行业，是要教书育人的。每每看到有一些培训班的微信号弄得跟微商一样，我就替他们着急。这样的微信设置被家长看到了，能放心带孩子去你那里上课吗？微商的微信设置比较容易引起家长的反感。

正确的做法是，虽然不能够带有培训班名字，但是我们可以把自己的标签带到昵称上。例如，你可以把自己的名字打上，然后加一竖线，后面表达一种状态，比如上课中或者写书中等。还可以加上这种：新概念英语教研，学业生涯规划专家等名称。这也是一种运营你的个人品牌的方式，给人更加真实和亲切的感觉。

我自己用于招生的微信号，可以提供给大家作为一个参考。现在我的名字是：**航航 | 新概念英语教研 | 写书中**。其中，宇航教育是我的培训班名，不过我只把宇航的"航"加了进去，就像模拟一个叫"航航"的人一样；"新概念英语教研"，是我们目前正在做的一个事情，Candy老师是这方面的专家，除了教学以外，教研也是一部分工作内容；"写

书中"，就是我目前所做的一件事，正在写这本书。这样的微信号可以让用户知道，你是做什么的专家以及你目前在做的事，有助于加深家长们对你的印象，塑造你们的个人品牌，为后续转化作铺垫。

以上是一些昵称的设置方法，大致上就是要塑造一个真实的人的角色，而不是一家培训班，要去营销用户或者去谈判那种感觉。

（2）头像

头像其实比昵称更加重要，因为大脑在阅读图像时的速度是阅读文字的 6 万倍。所以我们对别人的微信，最初的了解和第一印象都是通过其头像得来的。那么头像的设置有哪些基本要求呢？

如果你的真实样貌还说得过去，那么就用自己的照片就可以。这样可以让用户产生一种更加信任你的感觉。这里也有三个"不要"：不要用特别正式的照片；不要用搞怪的表情；不要用人物离得太远的照片。用特别正式的照片，给人感觉就是你是要去营销用户，或者说是一个公司号，甚至像是卖二手房的；用搞怪、嘟嘴等表情，会给人一种不稳重且不够专业化的感觉；人物离得太远，就根本看不清你的脸，那用真实头像就没有意义了。

另一种就是本身长相不太突出的人，那就可以有很多的选择了。比如，可以用一些卡通人物和动物之类的头像，不要显得太幼稚即可；或者是直接用一些风景图片，因为我们面向的用户群体，多数为 35 岁以上的家长，这个人群本身就喜欢这样的头像风格；实在没有好的图片，可以用一些别人的照片。

当然，如果你的微信号就是定位是服务号的话，也是可以用职业照的。但是记住不要加培训班 LOGO，原因如前所述，那样没有一个真实的人物的感觉。

（3）个性签名

既然是设置微信号，那么做动作就要做一整套。个性签名不是太显眼，但是加好友的时候也是能够看到的，有一些人也是会去看。这里主要是不要体现你们培训班的广告就可以，因为以营销为目的微信号，更要扮演好一个身边真实的朋友的角色。具体的内容，可以是一些正能量的话，或者是一些生活状态等，如果能跟你的微信名后面的状态挂钩也可以。

（4）朋友圈封面

封面的设置其实可以相对随意一些，尽量是目标用户们会喜欢的图片即可。但是同样需要注意，不要出现培训班的图片等。

（5）微信运动封面

微信运动的步数是可以靠软件来刷的。我们可以尽量靠前，占领更多人的微信运动的封面，让用户对你有印象。

6.2.3　朋友圈发送内容

在建设完个人微信号之后，就要做好朋友圈的运营：不要随意地发朋友圈，更加不要只发广告信息；**要做到内容上各个方面相结合，大致上我们可以从以下 5 个方面发朋友圈，并且分配好每项内容各自所占比例。**

① 生活内容：15%。生活内容大致上要占到整个朋友圈数量的 15%。主要包括自拍照、吃大餐的照片、聚会照片、旅行照片、一些学习的心得和体会和个人心情及状态等方面，能够体现出你作为一个真实的人的存在即可。

要注意的是，不要把自己塑造成一种伟大、光荣又正确的形象，需要有一些小的负面的东西在里面，比如说冬天不爱起床，吃太多该减肥了等。有了这些的朋友圈才会显得真实，但是又不能太过负面，让用户以为你是个消极的人，还是应该以体现正能量为主。

② 工作内容：30%。这一部分的工作内容并不是广告，而是你作为一个培训班的工作人员，其中的一些工作的内容和状态。具体内容包括：你工作得很努力，很晚了才下班，团队的凝聚力，老板请员工吃饭，班级名额满员了，并且很多都是老学员的推荐等。这时候不要发广告，但是可以出现你的培训班名称等，让用户了解你是做什么的即可。这部分内容还是运营你个人的形象，由于这种不属于强推销，所以用户都会默认接受你的这些内容，有助于打造你的个人品牌。

③ 有用信息：30%。这一部分的内容，是可以被用户点赞的部分。

比如说：最近的天气预报并提醒大家要注意增减衣服；有关家庭教育的一些守则；"双11"的购买攻略；一些生活的小技能；关于你做的品类的动态；包括中、高考的资讯，考试需要准备的材料等；体育或音乐的小技能和小视频。

这一部分信息的设置，是为了让用户持续地认可你这个人，让家长们觉得我们能够带来一些价值，并且对于你的好感度会有所提升，这也是一种情感账户的储值。

④ 互动内容：5%。这一部分是会出现留言互动的内容，比如说：本地最好吃的火锅店是哪家？有什么好的推荐？或者就是讲个小笑话，还有直接出一个脑筋急转弯题等。

我举个可以引起互动的例子：一艘船，出海时是全新的从某地出发，到达另一个地点用时10年，期间经历了大风大浪，船在不断地维修。到达终点后，这艘船的零件已经全部换新了，那么这艘船还是不是原来的船了？

这就是著名的"忒修斯之船"，属于博弈论或者说是悖论的知识范畴。在朋友圈里放这样的内容可以引起大量的争议，并引发良性的互动。像这种条目，就可以发在朋友圈，作为互动的内容。

⑤ 广告：20%。这就是我们培训班招生的广告空间了。基本上，每发 5 个朋友圈带一条广告就可以了。内容上也要具有说服力，有老学员的推荐比较好，体现出培训班的真实、专业即可。

当我们完成了这些塑造以后，我们与用户的情感账户储值就会越来越多，当他们需要一些课程时，就可能会想到你了。

有几点要注意的。上述内容的占比不一定按照给出的比例严格把控，这只是一个大致的范围；每天发布朋友圈的频次也不宜过高，每天基本维持在 3～5 条即可；要经常给别人点赞和评论，可以快速地建立链接。

另外，发送朋友圈的时间安排也有一定的规律，主要还是跟着用户的时间来走。具体包括：上班路上的时间；上午 10 点半左右，开完会需要休息一下；上午 11 点半，开始准备午休；中午 1 点左右，吃完饭就需要休息一下；下午 4 点左右，下午的休息时间；下午 5 点半左右准备下班；下班回家的途中；晚上 8 点以后的家庭时间，而这个时间段是最好的时间段。

关于发布朋友圈的时间，有以下 3 点要注意的。

➤ 我们可以统计一下，用户在哪个时间段里发布朋友圈比较多，那么我们就可以在这个时间段来发，因为这个时间段曝光比较好，我们要和用户保持一致的时间段。

➢ 根据经验来说，下午的 3—5 点这段时间，是用户有成交意向的最佳时间段。当然，这只是经验之谈。也可以根据你们自己的统计情况，去挖掘有成交意向的最佳时间段。

➢ 晚 8 点以后，这时的人们大都在陪伴家人，人会变得比较感性，那么我们可以发一些情感类的内容或家庭教育类的，能够引起共鸣的内容则更为合适。

● 6.3 通过线上微课堂培养"明星老师"

线上的直播课，是培训班与互联网技术高效结合的重要体现之一。因为大部分的线下培训班不具备线上的平台，所以说微信就是线上微课堂重要的载体。解决线上的微课堂、公开课或者试听课，能够吸引到用户参加的，除了本身课程体系的合理性以及用户的刚需性以外，还有重要的一点就是师资力量的保障。那么，如何培养我们自己的"明星老师"就成了一个问题。我们从拆解线上公开课的流程和包装"明星老师"这两个方面来谈这一话题。

6.3.1 拆解线上公开课

线上公开课也就是微课堂，是我们线上应用中重要的一环，我们以线上公开课的整个流程为例，拆解整个线上公开课的流程。大致上说，线上的公开课分为 8 个步骤：曝光、着陆、体验、留单、成交、交付、转介绍和循环开班。我们分别来解析一下这 8 个流程，让线上公开课这个大的话题分步骤落地。

要注意的是，我在这里只是拆解只作简单分析。

➤ 曝光：首先我们制订了线上公开课的计划，就需要把我们的课程呈现在用户面前，那么就要思考关于呈现我们的公开课，需要做些什么具体的事情？

首先，要考虑有哪些 ROI（投资回报率）较高的投放形式；其次，为了提升转化率，应该怎样策划活动；再次，要进行文案的优化，命中用户需求和场景；然后，整理一些值得投放的渠道；最后，要保证一些线下的曝光方式。

➤ 着陆：让用户看到我们的课程之后，需要把用户转化到微课堂上，这个过程我们可以称为着陆。这一部分我们要优化的主要内容是用户应该看到的内容，包括导师的课程安排、价格及优惠、老学员的推荐信息以及如何保障用户的基本权益。

➤ 体验：也就是用户已经准备来体验线上公开课。需要考虑的内容就包括：用户对于体验课的预期；用户对于这节课的需求；听完这节课后，课上的内容是否达到了用户的预期并解答了他们的问题；在推课的环节，我们需要如何设置才能让用户进入到下一阶段——留单。

➤ 留单：能够留到这一步的已经是意向用户了。这一步我们就要思考，要保证客户与你联络后能够迅速得到回应，这就要保证一套 SOP 的设计。如何打消用户的各种疑虑；总结规范的家长问题话术与咨询话术，提高工作效率。

➤ 成交：这一步表明用户对于体验课比较满意，准备长期报名我们的课程。为简化报名流程，需要将其提前设计好；鼓励家长立即报名，以实现低成本高转化。

➤ 交付：学员报名以后，我们要考虑的就是如何帮助学员提高成绩。首先，要建立学员的档案；其次，就是我一直强调的，根据入学测试给学员安排合适的培训班类型和老师；再次，合理设置监督机制，督促学员的学习情况；最后，以快捷、高效的形式检验学院的学习效果。

➤ 转介绍：也就是口碑传播的重要一环。主要是老学员满意度调查以及他们是如何利用口碑影响新学员的。

➤ 循环开班：优化流程、优化 SOP、利用 OKR（注：即目标与关键成果法）进行管理。

6.3.2 包装"明星老师"

而在线上公开课的整个流程中，授课教师的资历是至关重要的。很多时候，能够影响学员报名的并不是你的培训班而是授课老师。因为大多数中小培训班没有那么广泛的传播力，而老师则不一样。培养一名优秀的老师，要比完善一家培训班要容易得多。所以针对师资力量，我们就可以采取有针对性的措施包装老师，以期达到一个以老师的名声就能促成报名和转介绍的形式，也就是我们所说的包装"明星老师"。

但是，我指的"包装"并非弄虚作假，而是凭借老师的真才实学吸引学员。我们只是突出呈现老师已有的能力，让更多的用户认可我们的老师，达到包装"明星老师"的效果。

这里我们从以下 4 个方面来谈如何包装"明星老师"。

① 学历。现阶段普遍的老师都是师范类院校的本科生，也有一部分硕士研究生，但基本上也是以师范类院校毕业为主。这样的教育经历其实在家长心目中未必是最优秀的。而我们可以通过包装，来打造名校毕业生教师。

以我自己的履历举例：我与合伙人 Candy 老师目前都就在哈尔滨工业大学攻读 MBA 硕士学位。哈工大在哈尔滨本地是首屈一指的名校，众多家长仰慕的地方，在全国也是排名靠前。有了这样的背景，我们在招生、宣讲、线上课程等各个环节，都可以用来宣传；并且我们也可以以一个过来人的身份，为学生们规划学业生涯。这个哈工大的学历在家长眼中可是金字招牌。

当然，每个人的具体情况各不相同。但我想说的是，在适当的时候，我们是需要给自己或者我们的主力骨干一个"充电"的机会。因为未来的学生会接受越来越多的个性化辅导，而培训班里的老师甚至校长有名校的履历，现身说法其实是会给你的学员带来更多的学习动力。

② 资历。所谓的资历，就是你的老师参加过哪些讲师培训或是名校演讲等，或是某些有名的交流会等。关于这一点，我非常鼓励培训班负责人和骨干教师，多去参加一些业内这样的交流活动，多外出参加一些学习，有机会就要上台展示。这些都会成为我们包装的一部分，但是也必须是我们自身真的学习过参加过和经历过的。

例如：Candy 老师就经常参加外研社（注：全名为"外语教学与研究出版社"）主办的各类师训会以及教材分享交流会等活动，并且因此也取得了外研社的一些授权，我们在对外宣传时就会将培训讲师这样的名头挂在 Candy 老师名字后面。另外，如果参加过一些大学的演讲活动，比如通过我的导师，我在校园里做了一场分享，那么也可以冠以某某大学客座讲师的头衔。这些都是可以优化的，但前提是你必须真的有过这样的经历。所以，还是那句话，鼓励大家在工作之余都去学习、交流和分享，这对你自身也是一种提高。

③ 出书。就和我正在做的事情一样，出书其实是能够提高你在某领域的知名度的，至少会让家长们觉得你是专业人士。比如你是某个学科的老师，就可以在这个学科领域写一本相关的书，像如何做英语教育、初中数学学习方法等题目，其实都可以写。有了出版的图书做背书，老师在家长的心中形象就更加正面了，也更容易被认可和广泛传播。

④ 贴标签。这个"标签"和培训经历其实差不太多，不过这个更多的是根据老师的自身能力来设定人物标签。例如这样的"标签"：我们最新开设了硬笔书法的课程，我们的老师本身业务水平过硬。在通过中国书法家协会专业作品审核等步骤之后，授课老师成功地成为中国书法家协会的成员。这就是我们在招生过程中会用到的履历。

但是，不管我们如何包装，都必须把老师的硬实力摆在首位。只有老师确实有能力成为更好的人，我们才能帮助他们实现自我价值，帮助我们自己的培训班更快地崛起。

● 6.4 培训班微信公众号的搭建与运营

在完成了微信个人号的建设和以微信群为载体的线上课建设后，培训班的微信公众号，作为我们培训班在互联网上传播内容的载体，也是形成培训班互联网闭环的最后一环。尤其是作为新媒体的载体，微信公众号更要被培训班广泛地利用起来。不仅仅是用来传播我们培训班的课程安排和活动安排的情况，更要作为培训班的教育理念的一种传播方式来发声。接下来，我们具体谈一下培训班微信公众号的搭建与运营。

6.4.1 培训班公众号怎么做

很多的培训班新媒体负责人，都会对我们培训班的微信公众号有几个误区。第一，跟媒体或者自媒体的公众号一样，做到每天日更文章。如果不能做到天天原创，就去转发其他一些鸡肋般的文章。第二，只让培训班的学员去关注，并且只有在做活动或者开新班的时候才更新文章。第三，培训班花了很大的精力去设计公众号，但是关注量却很少，而且没有明确的引导功能等。

我们应该明确的是，做培训班的公众号，我们的目标就是把用户从线上转化到线下。一切的设置和服务都要以转化为目标。记住这句话，那么以上这三个误区就可以直接破解了。

　　尤其要重点说一下内容的生产。之前我在做公众号的时候，因为喜欢写点东西、码码字，所以也觉得要日更、要原创。但其实时间久了你会发现，只有自媒体的公众号才会把工作的重点放在内容的产出上。我们的目的就是转化，即使你有精力日日更新原创，又能带来多少流量呢？不见得有多少。所以，作为培训班的公众号，我们是不需要每天都更新的。最好的做法是明确了某个或某几个主题，做到每周按时发送即可。

　　所以，这就涉及要给培训班公众号做一个定位。定位准确的作用可以从几个方面得到体现。

➤　能让新来的用户在第一时间了解你们的情况，并进入到转化路径中去。也就是说，当用户刚刚关注我们的公众号，对我们还不太了解，我们不能贸然给用户推送活动安排和课程报名等项目。只需要设置一些自定义的菜单，把我们培训班的简单介绍、教学理念、老师介绍放在上面。这样，让新到用户对我们有一个直观的了解，也就是知道我们的具体情况，然后设置一定的转化路径，比如引导用户添加培训班的微信号，进入到我们的朋友圈和微信群等。

➤　能让我们培训班的学员在第一时间了解我们的活动和课程。也就是说，要把我们的最新动态发送到公众号里，起到第一时间通知学员的作用，避免老学员不知道我们最新活动的尴尬。当然，通知学员还应该有其他的方法。

➤　能让我们自己的生源起到口碑传播的作用。这里我就直接举例说明了：我们做了一次夏令营的活动，学员们都很高兴。那么我们需要把活动的复盘发送到公众号里，让家长们知道。这时除了我们自己写的复盘，还可以邀请一些学员自己来写心得体会，重点突出的是，在参加夏令营之前和之后的改变和一些感悟。把这些真实的改变让家长们看到，就会引发家长们的兴趣并转发到朋友圈，形成口碑式的传播。每个家长的朋友圈里又都有一些其他的家长，看到后可能就会对培训班产生兴趣了。

微信公众号是有订阅号与服务号之分的，我们对自己的公众号定位之后，是要选择一种方式来运营我们的公众号的。那么是选择订阅号还是服务号呢？

订阅号与服务号的区别是：订阅号为内容生产者提供，服务号给企业提供服务以及提供更多的功能；订阅号可以日更一次，服务号只能每个月更新四次。

作为培训班的公众号选择，我建议要分两条腿走路：每个培训班都需要有一个服务号，这样可以通过服务号可以去实现更多的功能，比如千聊、比如微信 WiFi。大一点的培训班可以订阅号加服务号一起用，起到相互进行引流的作用。并要求培训班总部生产内容，由各个分校转化流量。

而小培训班如果不需要每天推送，那么建议就可以不用订阅号，尤其是并不擅长内容生产的培训班，就不要跟别人"硬碰硬"、每天推送。当然，作为小培训班，我们也可以设置好每周的主题分享，在统一时间推送。比如我自己主要做英语培训，就会找一些英文谚语或是小故事，每次推送一条即可。

还有两个地方要注意。第一，认证公众号有几大优势：优先展示、唯一性、排他性、享受到更多的接口。第二，公众号原创功能能够让我们显得专业化，并且能够拥有授权小号转载文章的功能，有利于我们文章的分发。

6.4.2 "涨粉"的技巧

关于"涨粉"（注：网络用语，即关注你的人增多了），我们首先要明确的就是，不要用那些所谓的"涨粉"技巧来做我们的教育培训行业的公众号，因为这是两码事。要用针对培训班的"涨粉"技巧和手段，其实主要可以线下和线上这两方面来看。

（1）先说线下

在你的培训班内，只要来到我们培训班的家长，全部都要关注我们的公众号。因为这批人是我们的精准用户，所以一个都不要错过。

具体可以参照以下几个做法。

➤ 微信 WiFi。如果我们的公众号是认证的服务号，那么我们就可以通过架设微信 WiFi 的方式，实现用户的关注。因为家长到我们培训班来，大部分都需要手机联网，这个微信 WiFi 的功能就是：扫码即可关注我们的微信公众号，然后才能连接 WiFi。

➤ 照片自动打印机。关于这一点，我个人不太提倡，这是前一阵某个新媒体课堂上一位老师讲的方法。这个设备就是我们在商场和饭店常见的打印照片的机器。我对这个方法的评价是成本过高、可操作性差、不适合培训班。

➤ 在前台的柜子里，摆上一些小礼物，扫码关注公众号，即可领取一件小礼物。但要切记，仅限我们培训班自己的学生和家长。

培训班的推广活动外其实主要就是地堆的方式了。比如在传单上印有公众号的二维码，但是如果直接发给家长，可能真正扫码的人微乎其微。我们可以做些小活动，例如现场扫码即可领取小额红包等，做一些小措施让家长们愿意扫码。类似的措施还有扫码送历年中、高考真题、夏天扫码送一些成本较低的冰激凌；冬天扫码可以送暖宝宝之类的产品，都是可以去做的一些推动家长扫码的动作。

我们这里谈的是公众号的"涨粉",地堆的扫码其实还包括我们个人号的加好友,那么如果一定要选一个,是扫公众号还是加个人好友?这里面可就有些学问了。我的想法是都要扫、都要加。其实可以设计这样一个路径:比如扫码送真题,那么可以先让家长扫码关注公众号;关注之后让家长在对话框里回复领取;之后我们回复的内容,就可以是个人微信号的二维码,并告知家长因为真题压缩包文件比较大,需要添加个人号领取。这样的方式就能够做到一举两得,既加上了个人好友,又关注了公众号。

(2)再说线上

线上"涨粉"的方式有很多,但还是那句话,要用适合培训班的方式。我们不要求一定会增加多少流量,毕竟大部分培训班都是面向本地市场的,我们力求做到"粉丝"(此处指关注者)质量有保障。

➤ 微信群"涨粉"。简单说就是把公众号放在群里即可。当然,说起来是很简单;但是如何进入到更多的家长群,却是我们面临的一个难题。说实话,时至今日我也还在摸索各种方法,以便进入更多的群。我先说一个不太成熟的"套路"吧:我们可以找一些真题干货包,然后找到我们培训班里关系比较好的家长,向他们宣传真题的好处,然后表示可以免费送给他们,但条件是请他们把我们拉进各种家长群里。

这个办法的难度在于:大部分家长的微信群都是学校班级群和几个玩得好的小伙伴之间的私人群,所以,任凭你的真题再厉害,家长跟你的关系再好,他们也是不会拉你进这些群的。他们能做的只能是,如果他们在别的培训班上课,恰巧那个培训班有不是课程班级的群,而是有一些大群,那么我们能进的就是这种大群。否则其他的群我们也是很难进去的。

进群之后就要执行一系列操作，包括加好友，扮演热心群友的角色，适时向群里推荐公众号，直接请大家关注我们的公众号并发红包。但是这样做几乎是必然会被踢出群的，所以我还是更提倡默默加好友吧。

➢ 还是领干货包，但是可以设定必须把公众号分享到朋友圈，才能领取干货包。然后通过家长们朋友圈的展示获取"粉丝"，下一步就和前面的操作一样，把用户从公众号转到个人号的好友。

➢ 老带新"涨粉"。我们可以通过网上的一些平台，来做活动。例如，乐享 H5 涨粉活动。

➢ 投票"涨粉"。这也是我们最常做的一种方式。**比如萌宝投票，英语演讲投票等**。网络上也有很多互联网公司在做这样的生意。我们在做这种活动时，需要注意的是，让参与者的票数显得不是差距太大，这个可以在平台上用后台技术进行修改来实现，使大家保持参赛的兴趣，把悬念留到最后。

6.4.3　公众号的内容

关于公众号写什么内容这个问题，我个人的态度是：我们作为培训班，内容不是我们的主要战场。

我们可以根据互联网内容的发展历程来看这个问题。早期的内容主要出现在论坛里；后来规范化扩展到了各大门户网站；再后来个人影响力开始崛起，也就是博客和之后的微博，内容生产的门槛降低；直到智能手机的普及开始之后，微信出现。微信很快推出了微信公众号，并借助流量红利迅速崛起。为了保障原创作者的利益，不再被流量号转发，使得原创号没人看，而转了之后的流量号看的人多，微信改版后出台了阅读量的设定，所以就直接进入了追求阅读量的时代。之后今日头条崛起，多渠道开放的时代终于到来。

说这些是想表明，内容产业已经越来越成熟，所有做内容的人都在争夺用户的时间。而我们培训班的竞争点其实并不在内容上。

所以，教育培训公众号应该发什么？写什么？

（1）栏目化内容

也就是针对某一类素材，以相同或类似的形式，规律性地产出内容。这种规定选题、明确推送时间的方式有一个好处，就是形成用户的一个长期预期，容易形成阅读的习惯。另外就是解决了选题问题，标准化的栏目就不用再想选题了。

作为培训班，具体可以标准化的内容包括：每天一个家庭教育小技巧，每天一个美国俚语小故事，每天一个英文谚语小故事等。这些内容可以按照时间规律发送，比如每周一、三、五或者每周二、四、六，不要天天推送；可以多固定几个栏目，每周一就推送这个主题，每周五就推另一个主题，有助于养成用户的阅读习惯。

还有一方面是其他公众号不具备的，就是培训班里有代表性的学员专访，包括优秀家长的培养方式和家庭环境影响以及走过的"弯路"等。学生作品的展示也可以拿来做投票等类似的内容。这种内容是别的地方看不到的，也是家长们一定会去关注的。

至于如何去推送这一类的栏目，有几个需要注意的地方：推送频率，不一定每天都更新，就像前面说的，要设置固定的日期和推送时间；推送内容，要选择可以长期产出，那些不用你每天都在原创，网络上面可以搜索到的；要形成统一的风格，固定标题和栏目；回复关键字，能够查看到其他文章，从而形成长尾效应。

（2）随机性内容

非栏目化内容即都为随机性。包括新闻稿、活动稿、活动复盘稿以及所谓的干货分享。当然，和所有新媒体一样，热点，即最近发生的能引起全民讨论的事件，我们也一样可以追。

公众号的内容创作其实可以遵循很多规律，你可以把它理解为中学生写议论文，当然这只是类比。最应该注意的是文章的结构性，开头简述，中间为主线，主线要有分支，收尾有力即可。

文章还要具有说服力。首先，要重视第一段的表达，因为这一段落是用户停留时间较长的地方，是说服用户能够继续读下去的最关键的点，所以要简明扼要，绝对不说废话。其次，文章要有一定的条理性。前后的表达要连贯，逻辑必须严谨。然后要营造一种有干货或者有趣味内容的感觉，这个感觉怎么找呢？我想只有通过多读文章多学习了；而且，一定要抓住用户的痛点和已存在的问题，这个是文章营造干货感受的核心。再次，开头可以制造一个悬念，最后在底部公开答案，这是吸引用户把文章读完的办法。引起用户共鸣和痛点的方法差不多；少写没用的语句，少用生僻词，多用关键词；可以多用一些图片或视频，用一种可视化的表达方式，比纯文字更能吸引人；精心排版、合理配图并利用好线条。最后，合理利用空白。

这就是产出内容的基本方式和注意事项。

● 6.5 线上活动的流程和用户心理预期

线上的活动也是教育培训行业互联网应用中的一部分。我们之前也简单讲过线上活动的基本形式。这里就分析一下我们线上活动的基本目的，基本渠道和用户对于线上活动的一个心理预期。

6.5.1 线上活动的基本目的

我们在做活动之前，首先要对我们所做活动的目的有一个基本认知。也就是我们为什么要做这个活动？

首先要清楚我们的现状是什么样的。现状就是目前的报名情况、满班率的情况、老学员的满意度情况、续班的情况以及转介绍的情况。只有搞清楚我们培训班目前的基本情况，才能决定要在哪个方面做活动。如果是续班和老学员的满意度上做得不好，那就在这方面努力改善；如果这个时候还去做一些招新学员的活动，那就不合时宜了。

其次还要看我们目前处在哪个环节，或者说是什么时期，是预热期、窗口期、招生期还是交付期，每个时间段的活动安排也会不一样。预热期的活动就不能跟招生期的活动一样。

那么，根据以上这两个问题，我们就需要提升与之相对应的各种指标了。这个指标，主要包括微信的好友数、公众号的粉丝数、微信群的人数、听体验课的人数以及报名的人数。这就要我们来结合我们的培训班现状及所处的环节和时期来确定我们应该提升哪些指标了。

比如说，目前我们的满班率状况一般，并且处在窗口期，那么我们就应该在体验课的后续转化报名上下功夫，做活动也要在这些情况的基础上来做。

那么这个指标由哪些因素来决定呢？我们以报名人数为例，做一下分析。报名的人数不太够，那么就从几个方面考虑。我们来听体验课的人数是否足够呢？体验课的转化率是否足够高？如果是听课的人数不够，那么就要在增加听课人数方面考虑活动的方式。如果是体验课的转化率不够高，就要优化我们的体验课流程，并设置相应的活动来提升转化率。

同时要考虑听了体验课，没有报名的原因有哪些呢？第一，可能是用户不够精准；第二，可能是老师讲得不够好；第三，可能是我们的正课价格比较高；第四，也有可能是学员所在学校的老师自己开培训班给学生补课；第五，也可能是上课的时间有冲突。

那么，在整理出这些决定因素以后，就要针对这些因素来寻求解决的方案了。还是以体验课未报名为例，如果是用户不精准，我们就围绕这一点提升精准用户的数量；如果是老师讲得不好，那就要重新设计线上体验课流程；课程的价格比较高，可以实行一些价格优惠；如果是学校老师已经自组班补课，那么就可以跟学员商量，我们也做一个自组班；如果是时间安排有冲突，那我们可能要在话术上做一些优化，比如强调我们的课程会比其他的更重要等。

整理出来的解决方案，其实就是我们着重要去做的活动目标了。这时候就需要把这些方案包装成各种线上的活动，来解决之间拆解出来的问题即可。

这就是我们做各种活动的来源，而不是靠感觉判断应该做什么活动才去做。

6.5.2　线上活动的基本渠道

确定了线上活动的目的，就要考虑需要的资源和渠道。思考活动的基本流程，着手去做活动所需的基本物料。活动的渠道资源可以从两个方面来看：自有资源和外部资源。先从这两个方面寻找我们所需要的资源。

自有资源当然就是我们身边能够为我们所用的资源。首先，是线上的资源，包括我们培训班的微信公众号，如果你有网站的话当然也包括在内。公众号就不用多说，我们已经解读得很透彻了。不过据我的观察，多数有自有网站的培训班都没有用合适的方式经营自己的官网。也可能是目前移动互联网的普及，让培训班忽视了自有官网的建设。但我们要知道，官网是培训班的脸面，也是我们自己的资源，应当给予充分的利用。

其次，我们培训班的所有工作人员，这是我们天然可用的资源。初创培训班可能没有多少员工，这更显示了每一个员工的重要性。特别是如果我们有专职的老师和咨询师，他们都会成为培训班里做任何活动时都不可或缺的关键因素。我之前曾经说过，**用 5 个员工做 10 个人的工作，领 8 个人的工资**。这是最能激发员工潜力的方式，尤其是对于初创的培训班而言。

最后，用户是我们最宝贵的财富，也是我们的可用资源。简单地说，我们要通过活动，让家长更多地接触我们的课程，并借由我们的家长外化效果，起到传播的作用。

我举个简单的例子。比如通过微信群每天的朗读打卡，让家长们看到孩子英语口语的进步。这正是我和 Candy 老师正在做的活动，每天都做。在小学英语的班级群里，要求孩子每天把所学内容用语音的方式读出来，并发送在群里。这样既能给家长看到孩子的学习效果，也能让每位学生对比自己和其他学生的读音的不同以及流利的程度，从而激发自己更用心地朗读和学习。

这样的活动，能够在一定程度上激励那些暂时没有考试的项目，让家长与孩子增加继续学习的信心，让家长感觉到"钱花得值"，而不是花了很多的学费，却只是听说"孩子的能力提升了"。这样的效果具体了，培训班口碑就有了一个向外传播的载体，家长帮你转介绍时不会再空洞地说一句"××培训班不错"，转而能够详尽地描述孩子的各种行为及能力的提升了。

我再拿自己的一个班级举例。这个小学新概念英语的班级，定额为6～10人班，开培训班时有6名同学。同学们每天都会在班级群里发送自己的朗读语音，而通过这样的方式，家长们逐渐形成了能够外化效果的口碑传播，很快就吸引了这6名同学身边的4名同学，顺利地组成了满班的10人班。我的培训班里口碑转介绍的大致比例相较于这个班级的情况只多不少。

除了自有资源以外，有一些外部资源也可以加以利用。比如一些自媒体平台、社交平台，网络上的社区网站、视频、音频、直播平台。这些都是线上的外部资源，但是我建议作为初创培训班，规模还不是很大，没有必要全部去做，只要把那些已有资源充分利用好就可以了。

我最满意的一个资源当然是微信平台，这也是我们培训班用得最顺手的线上平台。因为可操作的手法真的太多了。我们可以设计各种各样的活动，来刺激自有家长们把培训班的正能量传播出去。

最近，我发现了一个比较明显的现象是，很多人都在用的微信打卡活动，已经开始从微信群慢慢地转移到朋友圈了，原因我想不外乎是把原来封闭的培训班班级内的信息扩散出去，让参与的家长在整个朋友圈中的所有人都能够看得到，并且产生某种刺激——她的孩子居然每天都在读英语课文或者是背诵一首古诗，那么我家的孩子怎么可能落下？！

当然，我们作为培训班也应该设计一些规则，让这种看上去非商业化的，并且在很大程度上能够刺激其他家长危机感的"朋友圈直播"中看到我们培训班的影子。利用这样的反复朋友圈宣传，最终的效果要比你自己转发或者家长转发广告信息要好得多。

6.5.3　用户心理预期

其实不论是做线上活动还是线下活动，用户的心理活动一直都是我们要考虑的点。在充分分析用户心理的基础上，我们才能利用用户的种种心理，来做活动并促成成交。这也是我们说过的给用户做"用户画像"详细调研并掌握家长的情况，是我们做好活动所能掌握的第一手的资料。谨记，任何活动都是以转化用户为基础的，否则没有意义。

用户的基本心理状况需要细致地分析。我大致上从以下几个方面来说一下。

① 从众。从众是一种很强烈的大众心理活动，不仅存在于我们的目标用户身上，几乎存在于每一个人的身上。例如排队买东西。可能排在后面的人都不知道卖的是什么，但是看到很多人排了很长的队伍，就感觉值得排队，然后就会花上很长的时间去排队。像我们哈尔滨著名的

中央大街上，很多小吃店门口都排着长长的外地游客的队伍，很多都是慕名而来，并不知道是否真的好吃到值得排队，反正很多人排队，自己也要排就是了。另外，像线上的话，微商经常做的事就是把成交的截图发在群里或者朋友圈，来吸引用户的购买。意思就是：你们快看呀，很多人都买了，你们也要买。

② 懒惰。这也是人的通病，能简单的事绝不复杂去做。基于线上场景来说，就是大家都喜欢一键下单，都喜欢通过二维码识别而不爱打电话，都想要默认登录的方式并且需要多平台同步等。

对于培训班而言，比如说我们的微信群，可能很多时候在群里说话的都不多，一方面，是我们运营的方式问题；另一方面，也是用户本身的懒惰心理造成的。我们需要让群里的用户活跃起来。怎么做？怎么能让用户感到方便就怎么做！比如你在群里直接问一个问题，希望得到大家直接的回答，对于这种开放式的问题，能够回答的人可能寥寥无几，主要是懒惰，或许多少也有从众的心理在里面。我们要做的就是把这种开放式的问题，变成选择题。我们把选项都做好，家长们只要作出自己的选择就可以了，简单方便。正如很多企业老板或主管经常说的，遇到问题不要问为什么，直接出几个解决方案让我选。

③ 爱美。爱美之心人皆有之，普通用户当然不例外。比如我们加上用户的微信，如果我们是美女的头像，自然通过的概率会高一些。基于这一点，我们可以在海报的设置上下一点功夫，尽量做得优美、有艺术感。

④ 占小便宜。这是一种常见的心理状态。比如：团购——比较便宜；秒杀——能优惠不少；抽奖——白给的能不要？免费体验——当然要来；在家躺着赚钱——谁不想呀！返现——越多越好。如此种种，有

很多。

作为培训班，我们除了给优惠外，还要让用户们知道他们得到的实惠，要明确地告诉他们，或者设置一些环节让他们知晓。另外，需要注意的是，优惠政策的门槛不能太高，太高的门槛很多人还都达不到，他们会认为费了很大的力气，拿到的优惠不多，不值得我们费力气去做。所以，优惠需要在门槛不高的情况下制造出一种稀缺感。

⑤ 好奇。好奇或者八卦也是人的本性之一。很多公众号都是抓住这种心理吸引用户的订阅。很多社交平台有悄悄关注的功能，也是基于这种心理。这种心理最明显的产物就是所谓的"标题党"，那我们作为培训班，就可以利用这种心理在公众号文章上做点文章，搞一些"标题党"的形式。

⑥ 虚荣。也可以说是求认同。每一条朋友圈的自拍大抵都是这种心理，点赞数和留言数越多越被认可。我们要做的是制造一些机会，让用户们表现出来，来体现他们的与众不同，满足这份虚荣心。

以上基本上囊括了用户的大部分心理活动，是我们做线上活动的重要依据。

第 7 章

——

在线教育与
双师课堂

互联网除了帮助培训班招生，还是课程体系的一种载体。线上教育不是新鲜事，但是最新的模式还是要学习的。从最早的录播课，到直播课，再到线上一对一。学生与教师的互动一直是线上教育的盲点。但随着互联网技术的不断革新，问题也一一得到解决。而最新的模式双师课堂的出现，使得线上教育和线下授课相结合的进程又向前迈了一大步，这也给了我们中小培训班一些可行的机会。

未来的线上教育也许不会完全取代线下教育，但它也不是线下教育的延续，而是线下教育最高效的补充。

7.1　在线教育

在线教育，顾名思义是一种以互联网为载体，老师通过网络平台为学生授课的一种形式。作为线下的培训班，其实我们是可以将在线教育的模式融入我们的教学体系当中去的。那么，在讲如何与线下培训班相融合之前，先要明确在线教育的几种模式和发展方向。

7.1.1　录播课模式

所谓的录播课，其实就是视频课的形式，也算是最早的线上教育了，21 世纪初的几年，这种形式就逐渐发展起来了，当时最有名的就是北京四中网校了。我当年上学的时候还用过北京四中的网校课程，没记错的话应该就是这种录播课的模式。这一类产品的基本模式差不多——以公立学校的师资力量作背书，把优秀的老师们的课程录像拿出来进行推广并借此获得盈利。

截至 2018 年夏天，在我们哈尔滨市区里，还是会有一些类似的加盟商，以本地优秀的公立学校教师录制的视频课为卖点，分发销售给各个中小培训班。

中小培训班用这样的名师视频课可不可行？我个人认为这是可行的一种模式，毕竟作为中小培训班，这种形式也可以成为一个卖点，尤其

是在像哈尔滨这样的地市，教育培训行业还处在初始的名师导向阶段，这种方式可以为我们招揽一批生源。

但是，这种模式其实不是教育培训行业未来发展的方向。最早做这种视频课的培训班，应该是有比较好的师资力量，也看到了以此获取盈利的前景，但可能还是不了解教育这件事。我认为中小培训班可以用这种模式做过渡，如果以后打算在在线教育领域有所发展，在经历过渡阶段后就不要再用这种方法。

录播视频课直到今天依然还存在于教育培训行业内，大致有以下两个原因。

其一，课程的消费者一般都是家长，而家长们其实在我看来都不太懂教育。家长们在校外为孩子报班上课其实还是很舍得花钱的，况且有名师做背书，在非一线城市的教育培训行业还是很有市场的。其二，在这个互联网信息化的时代，各家培训班和学校也都配有多媒体教室。用视频录播课程的方式也比较方便。

不过随着在线直播教育的兴起，录播视频课的一些问题就显现出来了。其中一个问题就是学生没有感觉到自己在上课，课下也没人解答疑问。基本上就是一堂课下来，学生看了一个半或者两个小时的视频。教育其实是需要老师提问、学生回答来形成课堂互动的，单纯的讲述不是课堂应有的呈现方式。

我认为，如果我们的初创培训班要用这种模式，在线下配备一个答疑的老师即可。这种模式属于下一部分要讲的双师课堂，而这种名师录播课，加上线下老师答疑的形式，其实是我个人比较推崇的适合非一线城市中小培训班在发展过渡阶段可以尝试的方式。我个人也可能会在自己的课堂上应用，这里先不做过多说明。

所以，单纯的录播视频课应该不是未来的趋势，我们现在也很少再看到北京四中网校的消息了。现在的行业标杆是新东方与好未来（注：前身即为学而思教育集团）。模式已经从录播视频转变为直播为主了。

那么，录播就没有优势吗？当然不是，我个人还是比较喜爱录播的方式，并且录播是可以进行后期制作的，未来的录播视频可以做成更具特色的一些形式。单纯的录播肯定行不通，但是我还对录播视频加线下答疑的模式比较推崇。

7.1.2　直播课模式

如果说单纯的录播行不通的话，那么我认为单纯的直播也和录播并没什么两样。两者都不能脱离互动性和社交属性单独存在。直播课的模式是目前比较主流的在线教育模式，那么，我们先来讨论一个问题——单纯的直播又比单纯的录播好在哪里？

第一，人们都会有偷懒的行为，并且录播课随时都能看。所以，在线下统一观看并配有答疑老师才是未来的出路。第二，学生上课过程中是需要和老师沟通和交流的，直播课还是比录播课更容易让人感觉到老师的真实存在。

纯粹的录播课程，学生随时都可能看视频，根本不可能有统一答疑时间；而直播课可以安排在下课后马上集中答疑。这种形式也是属于课后服务的一种。这也就是纯粹的视频课无法发展起来的原因以及直播课占领在线教育市场的原因。

早期的直播课互动性也不高，但是在社交网络越来越普及的现在，弹幕的产生让直播课里学生与老师也有了互动的机会。目前的在线教育直播平台也越来越多地出现老师与学生能够互动的一系列方式，因为单纯的直播课也是没法生存的。

7.1.3　在线一对一

关于在线一对一的形式，我曾在哈工大的 MBA 课堂上把这一部分内容作为案例来分析。这里我只谈一下我对于在线一对一的感受和看法。

一对一的模式，本身是学生对于提高成绩有着迫切的需求的。而线上的一对一模式，如果要看学生的需求而言，那么就要选取一些知名的教师。在职的名师是不太可能有精力和动力去做这件事的，所以培训班的名师看起来会是这一模式下主流的师资力量。

但是，对于一线、二线城市的学生而言，花费不菲的学费在线上上一对一的课程，效果并不如直接找当地知名老师做一对一来得好，所以在师资力量不错的地区基本上不会有人去选择线上一对一。

如此，线上一对一就直接转到了三线、四线城市，这对于他们而言是一种很好的教育资源的补充和利用。但是，三线、四线城市又会有多少学生使用单纯的一对一模式，而且还是线上的呢？我认为市场规模进一步缩小了。其实对于这一类学生而言，线上线下结合的双师课堂才是最好的出路。

所以，我认为未来的在线一对一模式，只适用于答疑。

我对未来模式的一种解读是，在线的一对一采用类似于滴滴打车的模式，师资力量主要是来源于在校的大学生，在有精力、有能力的前提下，愿意帮助初高中学生解答疑问，那么就可以成为在线平台的一对一答疑老师。而这种模式也不再拘泥于上课的形式，而是采用提问和回答的模式。学生抛出自己的问题，在线的老师们抢单，然后对学生实行一对一的解答和辅导，让整个流程活动起来。这是我认为在线一对一未来的发展道路上不多的出路之一。

我在案例中也是如此分析，并且更多地结合了双师课堂来谈，在线一对一答疑只是双师课堂的一个简单的服务选项。

总结： 整个在线教育其实都不是独立存在，在网络化和社交属性越来越强烈的今天，单纯的录播、直播与线上一对一都不能独立存在，都需要有专门的课后服务人员跟进，也需要学生与老师进行互动。所以，我认为教育培训行业的互联网应用趋势，是线上结合线下、线上与线下配合使用的综合体，也就是行业内目前比较流行的双师课堂的形式。

• 7.2 双师课堂

对于双师课堂，能讲的点很多，存在的问题也有很多。但是一个大的趋势是，对于教育培训行业而言，传统的线下培训班肯定还是主流，且短时间内不会被颠覆。这种双师课堂的模式将来很有可能会作为主要的辅助班型，逐渐地被家长们所接受，并存在于我们的线下培训班中。

纯粹的线上直播课或录播课程对于我们中小培训班而言，没有存在的必要。而一些此类的大平台，像学而思网校等，也要及时地顺应新的趋势。当然，我个人对于线上教育平台的看法，只有学而思网校做得比较好，而且这种单纯的线上模式在一段时间内也只能起到辅助的作用。

但是，双师课堂却是可以被我们的中小培训班拿来广泛应用的一种模式。

7.2.1 双师课堂模式分析

双师课堂，顾名思义就是一个课堂上有两个老师的存在，只不过一个在线上、一个在线下。线上是讲课的老师，线下的老师作为一个辅助答疑的角色存在。

双师产品的本质就是整合了线上与线下的优势所在。一位老师可以一起给几个班上课，也可以只讲一个班，也可有远程课程，把师资力量的价值最大化地加以利用。并且，每个班级的线下辅导老师都会把全部精力用于教学服务上，包括对课堂听课效果的监督和课后的辅导答疑以及与家长的对接和沟通这一系列流程。可以说学生们既享受到了优质师资的教学，也体验了极致的课后服务效果，达到了在培训班补课的最优效果。

双师课堂的这种形式可行性如何？是否是以后我们可以信赖的一种课堂形式？我大致上认为是这样的。可以从不同角度来分析一下双师课堂的模式。

（1）学生的角度

学生能够获得更好的师资力量，线下的辅导老师也能更高效地与学生互动，在教学上更好地服务于学生。双师课堂完美地顺应了教育培训行业最新的发展趋势——教学教研加上极致的课后服务。

（2）家长的角度

家长参与到我们的课堂里，通常主要关注两个点，一是孩子学习成绩的提高，二是与老师的沟通。对于成绩的提升，我们应该有一个认知，相比于课堂上的教学，课后的自主学习对成绩的影响其实更大，而双师课堂的方式其实完美地契合了这一点；另外，线下辅导老师作为整个课程体系的服务者，对于与家长的沟通交流更是有着天然的优势。在不用关注课堂讲述的基础上，线下辅导老师更是有充足的精力完成与家长的沟通和对学生学习的督促。

（3）上课的老师角度

作为双师中的线上老师，是不必承担服务的任务的，所以线上老师可以更加专注于课程体系的研发以及课堂教学内容的讲述，使上课的效果更好。这样做也有利于提升老师的教学水准。

（4）从培训班角度

第一，整合了师资力量和课程体系；第二，可能带来的利润的倍增，线上老师如果同时带几个班，那么培训班利润率的增长趋势就更是无须赘言了；第三，双师的设置，使得线上老师和线下老师形成了有效的配合，对于学生而言，也和两个老师产生了情感的联系。线下辅导老师如果能够将服务和沟通交流做好，对学生后期的续班也是一个保证。

由此可以看出，双师课堂从各个方面来看，都是基本上比较靠谱的。

另外，要着重说一下学而思应用到双师课堂上的一款 APP"答题器"。这款 APP 类似于遥控器，对于老师在线上的提问，学生可以选择 ABCD 来答题，这样老师在线上可以看到学生们的答题的数据统计。这种设置应该说更加精准地反映了学生们的答题水准，也让老师可以在讲课时有侧重点。这也是实现我们线上与线下交互的一大手段，但未来这一部分的设置会有什么样的发展还不好说，或许这种设置也未必是互动的最佳模式。

但是不可否认，双师课堂要比纯粹的线上课程，不论是直播还是录播都要来得更加靠谱。这也是我们培训班未来必然发展的一个趋势。

7.2.2　双师课堂发展方向

双师课堂至少目前看上去很美好，那么它的发展方向在哪里呢？

双师课堂并没有颠覆教育行业，而是对教育行业做了完美的补充，是线上与线下结合的突破所在。目前市面上大部分双师课堂，都用在了入口年级吸引流量上。而我们设想一下，真正需要双师课堂的是什么样的学生？优质的教学资源需要用在真正的节点上，有中高考需求的学生才更加需要这种模式，并且是年级越高这个效果越明显。我想现在这种模式刚刚兴起，为了避免风险，从低年级试错无可厚非，但是未来如果市场成熟，高年级的拔高班或者培优班才应该是双师课堂真正体现其模式优势的地方。

另外，线下的辅导老师也通过双师课堂这一模式，从助教逐步转化到服务型老师，更加贴近了教育培训行业的本质，在个性化辅导的需求体系下，这种服务型老师也越来越被家长和学生认可，地位也逐步走高。

除此之外，基于双师模式下形成的教育培训行业"知识付费"或许是下一个风口。我大致的想法是，将某一学科的某一部分内容，作为一个模块，录制视频或音频课程，然后通过各种现有的知识付费平台或自有平台分销出去。录制课程的老师和培训班分享课程收益。

这种模式也是现在流行的知识付费的模式，我们可以在教育行业里做这样的尝试。课程的单价可以设置得相对低一些，分销的平台可以找当地的教育媒体等进行合作。这也是对教育行业知识付费模式的一点探索，对线下课程和双师课堂的一种补充。

7.2.3　对双师课堂的感悟

说几点对于双师课堂的感受：通过对于各个开展双师课堂的大型培训班和平台的一些调研，我发现目前双师课堂的满班率还是普遍要低于培训班正常课堂的；另外，从接受程度上来看，成绩好的学生似乎更容易接受双师课堂，也就是说这符合我对于双师课堂这一模式发展的预期；同时，名师的效应在双师课堂中十分显著，这很好理解，大家还是会觉得既然是线上课，就要上得值，否则线下课也一样上。怎么显得值得？当然是老师越有名越好。

这也是我认为目前我们初创的中小培训班可以去做的地方。举个例子，我们可以在当地寻找一些优质的教师资源，这个不用我说，做教育的都有渠道；然后可以不以直播的形式，只是以录播的形式录制视频，最后再以此为招生的宣传重点，配以优秀的线下辅导老师，形成具有自己特色的双师课堂。因为我们自己大部分情况下都没必要去做自己的线上平台，所以这种视频加线下辅导的方式可以帮助我们中小培训班跨过行业发展的过渡期；另外，还可以向周边的三线、四线城市的培训班分发我们的视频课资源，并由他们自己配备线下辅导老师，以此达到区域内的产业链优化目标。

当然，这是结合一些教育培训行业相对落后地区的现状和发展需求所作出的个性化设置，也可以作为一些初创培训班的参考。

第 3 篇

经营提升篇

第 8 章

——

管理优化

　　培训班发展到一定的规模，想要再向更高层次发展，就要优化管理方式，并逐步招聘全职的工作人员。招聘的方式主要是网络招聘、校园招聘和社会招聘。作为中小培训班，校招较为困难，社会招聘又没有能持续稳定、优质的渠道，所以网络招聘是我们最常用的方式，但很多培训班在招聘时都会犯错，导致我们可能比较心仪的老师与我们失之交臂。那么，如何避免出现这些错误是一个我们必须面对的问题。

　　有稳定的全职老师之后，管理的模式也要逐步实现正规化。

● 8.1 教师招聘

目前整个教育培训行业，还有很多兼职老师以及"跑课"老师存在，这是中小培训班可以考虑的师资力量。我个人认为应急可以，但是从长期发展来看，还是要招聘一些全职的老师和一定的教务人员，这是我们使培训班正规化的重要一步。其实小成本经营，是很怕在人力资源上浪费的，所以，就要遵循我之前提到的一个原则。

用5个人干10个人的工作花8个人的钱！

这个理念是我从**吕伟胜**老师（"跟谁学"联合创始人）那里学到的，也是我一直谨记和遵守的一个原则。我希望能把这个理念让更多的人知晓，因为这是提高工作效率和实现员工个人价值最大化的一个很好的实操方案，不仅仅适用于教育培训行业。那么，我们教育培训行业的招聘应该怎么做呢？这里我主要谈老师的招聘。

8.1.1 招聘简章的作用

在招聘过程中，招聘简章的编写起着重要的作用。我们要用简单的招聘要求编写，使应聘者能够与招聘简章形成高度的匹配，从而增加面试者成功的概率，也是为我们自己节省时间成本。

招聘最终其实也是一种广告，招聘简章就相当于文案，我们要用编写文案的心态来看待这件事。也就是至少要有一定的吸引力，促使求职者打开并愿意看下去。简单的描述基本面是最基础的文案，更好的方式是把所谓的互联网思维融入其中。怎样把这种思维模式带入到招聘文案的编写里呢？又到了我个人比较擅长的线上策略目标分解环节。大家就按照下列步骤做即可。

> 写文案都要有层次，首先确定培训班的定位，其次找到目标求职用户，最后列出需要展现在文案里的几大要素。看起来很简单，但是仅文案二字，就没那么简单。

> 换位思考，以求职者的心态来看招聘文案。想到求职者的需求和关注点所在，并表达在文案里。

那么，如何才能写出一份合格的招聘简章呢？

第一，根据拟定好的文案层次，设计主要内容。确定自己培训班的定位，来决定符合定位的文案风格以及目标招聘群体；定下主基调，把需要展现的几大要素一一列好即可。对于一些当前还不太知名的中小培训班而言，实事求是展示自己的特色即可，不必过分夸大事实。

第二，换位思考，以求职者的眼光来看待招聘这件事。培训班招聘的主要还是老师的职位。根据调查统计结果得出，工资待遇还是大家普遍比较关心的因素。所以，工资待遇其实还是最核心的一个点。只要针对这一个核心做好文案就可以了。

明确这一点就会使我们的文案突出重围，显得与众不同。很多招聘文案没有层次感，没有突出主题，就是罗列一些基本信息。无论是在招聘会还是网络平台上，求职者在找工作时基本都处于各种信息的包围中。这样的招聘文案都千篇一律，毫无吸引力可言。所以我们就要做到突出重点，突出我们的核心理念，这样很容易就让符合要求的求职者自己对号入座，对双方来说其实都是最简单、快捷的互选方式。

第三，完善文案的内容要素。基本要素应该包括：公司简介、招聘的职位、对职位的要求以及薪资待遇。基本上有以上这几点即可。

我认为合格的文案就是把要求和待遇具体化，我最不以为然的招聘简章用词包括"诚聘"和"高薪"，"诚聘"，难道别人都不是真诚地招聘员工吗？"高薪"，有多高？多少都敢说高薪，具体却没人敢说出来待遇。网络上的招聘简章总是说薪资待遇面议。"面议"是没错，要根据求职者具体的能力给出薪资，需要有一个大致的范围，至少要给出明确的下限，否则求职者如果对你的下限都不满意，就没有必要再找你"面议"。这样双方都避免了麻烦。

这些都是很简单的基础文案，但是还是有很多招聘单位做得不好。另外，招聘简章的用词还要注意沟通中的人性化方式。招聘简章中最容易犯的错误就是打官腔说官话、态度生硬。你觉得自己招人、给钱就有理吗？现在的年轻人没人喜欢官腔，他们大都喜欢温暖的沟通方式，在招聘简章上也有必要做到这些。

下面我们分步骤来具体细化招聘简章的写作。

（1）标题

一般常用的招聘网站主要包括：智联招聘和前程无忧。其他的线上招聘我就不建议用了。职位的检索页面一般会出现几个内容：标题也就是职位、薪资和所在地、公司名称还有发布时间。搜索时是根据你搜索的关键词来展示的，所以我们的标题就要做得好一些，除了要保证能够被搜索到之外，还要让求职者有意愿点击进去。

据了解，标题主要取决于关键词和刷新次数。通过对关键词的搜索，我们一般会搜出两种条目，一种是包含关键词的，另一种是不包含关键词但是与之相关的。

比如，搜索"教师"这一关键词可能除了教师以外，还会出现"培训专员"之类的条目。所以，关键词的优化选择是展现的关键。那在我们的标题里就应该出现"岗位"和"年级"等关键词，就像初高中老师这种条目。但是，由于招聘网站大多没有同义词的功能，使得相同意思的关键词，检索的条目并不一样。举个最常见的例子，"老师"和"教师"这两个关键词。我在智联招聘上选取哈尔滨市为例，在搜索栏目输入"老师"，获得了 1841 个条目，而"教师"获得了 2275 个条目。我又检验了其他几个地区，发现大部分情况下，"教师"的检索条目都要高于"老师"，一方面可能是各地的习惯称呼不一样，另一方面也可能因为教师相较于老师更职业化一些。

同理，在求职者输入的信息比较详尽时，因为匹配度较高，所以出现的条目比较少；而当求职者搜索得比较笼统时，出现的条目会比较多。也就是说，关键词定位越精准、匹配度越高，展现的条目越少。那么根据这样的原则，我们在制定我们培训班的招聘标题时，就要做到尽可能精准、细化。这样，不论求职者输入的标题信息是笼统、概括还是精准、细化，我们的培训班都会大概率地出现在搜索条目里。

同时，也给求职者一个建议：并非搜索越精准，就越能找到满意度高的工作。因为有很多企业或培训班在招聘标题的设置上没有注意这些细节，导致精准搜索不能让很多企业展现在你面前。要给自己多一些选择的余地，可以把搜索条目的范围扩大来检索。

除了所谓的标题关键词。刷新频次也是影响排序的重要因素，而且还包括一些置顶功能。如果招聘工作比较急的话，可以购买置顶功能。作为初创培训班，我个人认为则没这个必要。所以，刷新的频次就显得很重要了。因为刷新次数的限制，所以刷新的节点就很重要。这个时间要和大多数求职者的作息时间相吻合，比如上午 9 ～ 10 点、下午 1 点以后以及晚上 8 点以后，都是求职者网投的高峰期，一般这个时间都要刷新我们的信息。能够做好上述事项，就能大概率地保证我们的招聘信息展现在求职者的眼前，但是如果标题只设置成年级＋学科＋职务，例如初中英语老师，那么检索出来的条目都差不多，没有任何的特色，求职者最后能否点击进来看招聘细节就要看缘分了，所以在招聘标题一定要增加我们培训班的辨识度。

所以我们的目标第一步就从起标题开始，要遵循的要领还是抓住关键点、影响情绪。很多人觉得招聘这种事用得着说得这么仔细吗？我认为十分必要，尤其是我们作为中小培训班，每招一个人都要精筛细选，我们没有那么高的试错成本，只能在招聘时尽量做到火眼金睛，所以这部分是我们的重点。

那么求职者的关注点，大致上我们也都了解：薪资待遇、发展前景，晋升空间等。不过一般的标题是有字数限制的，一般是在 30 个字左右，也就是说要做到有节制地抓关键点。比如"薪资过万、初中高中教师全线招聘中"，既细化了主体，又明确了我们的诉求，也让求职者感受到了诚意。

还有一个认知性的问题：就是很多人会认为上培训班的老师都是师范生，必须要师范类院校的师范类专业毕业。但实际上行业内公认的标准是不限专业、不限应往届，同时也不限是否有教师资格证。但是这个行业内的规则，却与很多普通大众的认知相矛盾。很多人都通过不同渠道问过我：去你那里做老师，是不是必须师范院校毕业还要教师资格证？当然不是。所以，这一点也要在标题里体现出来。

比如刚才的标题，就可以改为"薪资过万、初中高中英语老师全线招聘中（不限专业和资格证）"即可。

（2）公司介绍

介绍我们培训班的时候，还是尽量正式和严肃一些。尽量用专属名词并且数字化，让求职者感受到我们的专业。正常情况下，如果我们的培训班做了网站，就要把网站放在招聘简章里。可以向求职者证明培训班的正规化。但是如果确实有网站但是做得不好的还是算了吧，否则更会显出我们的不专业。所以，我建议如果要做官网，就要好好做，干净、整洁、信息齐全、常更新。如果做不好那就不要做了。

（3）创始人

这一部分的文案撰写，除了创始人以外，还可以写一写团队主要成员。求职者都希望自己和更强大的人一起成长，共同进步。所以我们作为创始人，要善于给自己贴标签。例如：杨新宇，创始人，运营总监，哈工大MBA，学业规划师，不畅销书作家。合在一起就是：杨新宇，哈尔滨工业大学MBA出身，本着对中小学生学业生涯规划的重视而创立了宇航教育，并致力于成为喜欢码点字的社群运营总监。

大致上可以是这样的一个逻辑，具体可以根据个人的需求来细化，总之用词不要过于生硬、直白。

（4）任职要求

我认为大部分的招聘简章中有关这一块的内容都不合格。我在招聘网站上随意找了一个例子我们来看一下。

任职要求：

① 本科及以上学历，正规师范类院校毕业；

② 具有丰富的教学经验和一定的教学研究工作经验；

③ 熟练掌握办公软件和互联网的使用技巧；

④ 具备教育心理学知识，较强的授课能力；

⑤ 具有很强的中文表达能力，普通话标准，口齿伶俐；

⑥ 具有较强的亲和力，讲课生动活泼，知识面宽广；

⑦ 热爱教育事业，工作积极主动、责任心强。

我们对老师的要求应该是学历、普通话、讲课水准、沟通能力、责任心。大致上有这几个递进的层面考虑，也有可能会加上一句"形象气质佳"。

我们之前说过要量化这些标准，但这些关键词其实很多都没办法量化。所以，我认为，不能量化的就不要写在上面，否则求职者没办法理解我们的真实需求。

比如第一条里，"正规师范类院校"是什么意思？哪些院校是正规的？哪些是不正规的呢？"熟练掌握办公软件和互联网的使用技巧"。怎么算熟练？这些要求并没有一个量化的标准。我的建议是要么不写，要写就别写得这么模糊。不过这篇要求限定在了师范类院校，这可能跟地域有关系或者是培训班自己的要求。另外，还有招聘简章里对教师的岗位职责做描述的部分，我认为完全没必要。

（5）薪资待遇

这一部分可以说是招聘简章中最重要的内容了。展现你的培训班做得怎么样，薪资待遇是重要的一环，也是招生简章中需要突出的亮点。关键点还是要量化而不是模糊化。

这部分的举例都很典型。

比如，"工资面议或有竞争力的薪资待遇"。那我想问一下，"有竞争力的薪资"到底是多少？"提供各种福利待遇"。那到底又是哪种福利待遇？

再比如，"优秀者奖励股权期权"。作为中小培训班而言，切忌拿股权和期权作为奖励。正确的奖励方式应该是一定数额的奖金以及增发一些年终奖。我们不是大培训班，对于员工来说，现实的金钱奖励永远要比摸不到期权股权要实际且有吸引力。

再比如，"办公室环境优美"。那到底是什么样的环境算优美？有多优美？根本没办法量化。

反面例子太多了，我就不一一说了。这里重点说一下薪资：类似于"面议"或者"有竞争力"的这种话就不要再说了。虽然作为培训班，你可能会认为这件事不应该对外公布，但是我认为至少要让求职者在面试之前对自己的薪资有一个大致的预判。至少要明确一个下限，让求职者知道一个底线，上限可以不封顶。这样也比那些"有竞争力"和"面议"这样空洞的词语来得要好一些。正常的做法都是设定一个范围，比如 6K ～ 8K、10K ～ 12K 等。这也给了培训班一个缓冲，要让求职者有了一个明确的指标可以做参考。

以上这些都是打破了传统的招聘简章的框架，能够吸引到真正优质求职者的一些设定。还是要记住一个关键点，作为中小培训班，我们最好的方式是"用 5 个人干 10 个人的工作，发 8 个人的工资"。

8.1.2　校园招聘

我们从整体的线上招聘简章考虑培训班招聘这件事之后，如果有机会也要将眼光放在线下及其他的地方。其中，校园招聘（简称"校招"）是我们所有招聘中比较值得去做的一个环节。我认为，对于正在经历初创阶段的培训班而言，在发展的快车道上前行的过程中，校园招聘是我们迅速做强、做大的一个有力后盾和保障。我们就来具体谈一谈校园招聘的相关事宜。不过对于初创的中小培训班而言，校园招聘还是不太适合的，我们还没有足够强的品牌效应吸引到能力很出色的毕业生。

前段时间有幸去学而思机构学习了一段时间，所以对于它们的校招也有些印象。具体的流程我就不多说了，我觉得对于中小培训班并没有太多参考意义。我只想说一下它们校园招聘的一些做法，值得我们借鉴和思考。对于中小培训班来说，校招很困难。对于像学而思这样的大培训机构而言，一样有其必须面对的问题。**对于这种情况，"学而思"们打造了这样的一套逻辑：讲行业、讲公司、讲个人发展。**

① 行业。教育培训行业是一个朝阳产业，国家正在大力发展。市场近几年都在增长，开放了"二胎"政策对于教育培训行业更是利好消息。教育培训行业不是一个垄断行业，即使是行业内最大、市值最高的培训机构，从整体的市场份额来看其实也很低，这说明在这种非垄断行业中，我们的从业人员未来的机会更多，发展情景非常可观。教育培训行业本身不是资本驱动的行业，但是同样也离不开资本，而目前资本也正在大批量涌入教育培训市场，会推动教育培训行业更快地发展。

② 公司。学而思背后的好未来教育集团估值达上百亿美元，属于教育培训行业的领头羊；营收的增长市场快、发展快；培训班分布广泛，产品培训班设置合理，对未来作出了很多方面的布局。

③ 个人发展。其实通俗点说，就是大企业、大公司给员工灌输企业文化和未来前景的一种方式。当然，我们不能片面地理解。很多学生并没有想过什么个人未来发展的问题，工资水平是他们选择在培训机构工作的重要原因。但是学而思本身拥有一整套有吸引力的晋升体系，使得入职学而思的同学都把注意力从薪资待遇上转到了晋升上。

和大多数培训班一样，如果招聘单位鼓吹最厉害的老师能拿多少课时费，那么老师的精力就会放在提升薪资待遇上；如果培训班的价值体系是全职老师的发展前景比兼职专职老师更好，那么大家就会更多地关注晋升这件事本身。学而思就是这样的培训机构，也因此能够用更低的成本留住老师。

另外，作为培训班，我们的收入主体主要是教师创造的。虽然学而思内部可能是认为其自身的成功是因为搭建了一个平台；但是在我看来，在全职的师资力量上的优势才是其成功的关键，而且是一种标准化的师资力量。

学而思的品牌保证了他们在校招时相较于其他培训班拥有绝对优势，教师人才储备有保障，而且他们在招聘时会将不认同其文化价值观的人拿掉，因为有足够的基数来做保障，所以最后留下的都是那些不以薪资水平为主要目标的应届毕业生。这样也有利于他们构建自己的、以晋升为主要目标的教师体系。这是实现他们快速复制的一个前提。

这是我们从学而思的角度来看校园招聘。作为中小培训班的我们，可能本身做校园招聘的机会比较少，所以用知名培训机构的校招作为参考来谈这个问题，也让我们对培训班校招有一些认识。作为中小培训班，我们如果要做校招的话，肯定和大培训机构的做法不同。

首先，要多点真诚、少点虚无。我看过的有培训班做宣讲时有些过分夸大实力。如果是知名培训机构说这些，学生可能会相信的，这就是背靠大品牌的效果；但如果小培训班这么说时这些效果反而可能并不太好。

其次，应届毕业生们肯定会更愿意去大培训中心、大公司。之所以选择小培训班，一，可能是你不认同大培训中心的文化价值观，从而达不到标准；二，可能是在小培训班的机会比较多，俗话说"大公司做人，小公司做事"，不无道理。所以我们在做校园招聘时，还是需要我们创业者亲自去比较好。不过创始人有的时候很容易犯错，过于沉醉于自己的创业史中，宣讲很容易就变成"我的前半生"——各种打拼、奋斗和不容易。

我认为这些内容不要说太多，因为这些都会让同学们觉得你的培训班不稳定。作为刚走出校园或者说还未走出校园的学生来说，大多数人天然地认为我们作为培训班创始人，一定是光鲜亮丽的，而且对于你讲的创业史他们也未必能够感同身受。大概率上他们还是会谈论哪家的 offer（录用通知）薪资高或者待遇好；多数人还是会对公司规模有要求的。

另外，像学而思这样的大型培训机构，一般不会在宣讲会上明确薪资的范围，那么作为中小培训班的我们呢？我觉得这块要重点来讲，明确我们所具备的薪资优势。我们没有企业文化价值观可以宣传，或者说还没到宣传的时候。所以课时费的多少对于很多人来说，才是最实在的选择。

而且还有一点，我之前也提过，一定要给薪资待遇设定一个底线，让求职者清楚地知道能够拿多少，量化这一标准，不要说平均能够拿多少，那没有意义。我听过太多的招聘人员在面对工资的问题时，都说平均都能拿多少，我认为大家更关心自己拿多少，其次才是别人拿多少。我拿得少，你拿得多，咱俩平均到一个数值对我们都是没有参考意义的。可令人遗憾的是，还是有些招聘人员对于这种毫无意义且落伍的回答方式乐此不疲。

最后，面试时不用过于关注学生的基础考察，尤其是笔试的考察。

较为严格的笔试，只能让有家教经验的学生脱颖而出，我们要的是最好的老师，并不是最好的家教。所以，其实我们可以更多关注学生的性格特点和大学时期的成绩，因为大学成绩一定程度上代表着一个人的学习能力和态度，如果一个人的学习能力和态度都没问题，那么大概率上他们工作时态度也会较端正。

其实，对于我们中小培训班来说，做校招要比做社招难度大很多。做社招简单来说就是把招聘信息发布在网站上；但是校招则要准备很多的工作，特别是我们初期根本没什么人手的时候，着实不太容易。我虽然自己对校招有一点见解，但是受限于规模等因素，我还是不太敢做校招的，刚开始做校招基本上都会受到打击，但迈出这一步是很重要的。我个人的观点是，培训班必须要发展良好且有一定规模，才有必要做校招。

2017年秋季，我就是步子太大走得有点急，不知道哪根筋搭错了去找了哈尔滨工业大学，要做宣讲会，顺利地拿到了活动中心大阶梯教室的宣传场次，结果只来了几个人，中间还有提前走的，当时的场面非常尴尬。后来我反思和总结了一下，确实是有些着急了。因为我们规模还不大，哈尔滨虽然教育培训行业水准一般，但是中小培训班林立，我们还没有品牌影响力，当时觉得自己到大培训班学了很多，也参加过很多培训，对行业有深刻认知，所以盲目自信了。我想，对于中小培训班来说，一步一步走，踏实一些才是对的。

而且在我看来，我们中小培训班做校招，其实根本不是我们在面试同学，而是同学们在面试我们，毕竟学生们的选择有很多，而作为小培训班其实不太好招人。所以，踏踏实实提高自己，争取要做的是能够打动前来面试的同学，而不要觉得是我们给学生提供了一份工作，而是学生能够选择我们是对于我们的肯定。我们都要多学习、多感悟、多总结、多分享。

但是，我们在发展的过程中，校招是重要的一个环节。团队核心成员的组建正是从校招开始的，尤其是对于我们初创的小型培训班。这时作为负责人或是校长，我们的个人能力和魅力是很重要的因素，能够直接决定校招的学生们是否愿意到我们这里工作。相比于已经非常有经验的老师，校招是我们组建核心团队、培养帮手的最重要手段。

我们在形成自己的教研体系之后，需要老师们按照标准的教研体系工作。有经验的老师很可能已经形成了自己一套固有的教学体系，对我们的教研成果有不认同的可能；而这个时候，职场经历还是一张白纸的校招毕业生，其实更加便于培养与管理；也更加容易让我们找到符合我们价值观、认可我们的课程体系的老师和员工。这是我们发展的必经之路。

8.1.3　社会招聘

社会招聘是我们中小培训班重要的招聘手段。除了我们都知道的线上招聘网站，还有一些相应的招聘方式，我们都可以去尝试。

（1）人才市场招聘会

也就是线下的招聘会，多数地区的人才市场都会定期举办各行业的专场招聘会。但是这种招聘会的招聘效果其实比较一般，尤其是现在这种方式越来越不容易找到理想的人才了。而且，切记要参加专场招聘，效率相对还会更高一些；如果是普通的招聘会，那么我们培训班还是不要参加的好，因为不是专场，找到合适人才的可能性很低。特别需要注意的是，我们在招聘会现场只能是简单了解和会谈，如果有意向比较高的求职者，我们也比较满意，还是要约到我们培训班的办公地点进行详谈。

（2）线上微信群招聘

又说到了我最喜欢的微信群。这也是我最近一段时期招聘老师的常用渠道，在这里不得不说一下，微信确实给我们提供了一个便捷的平台。每个城市肯定都会有这样的一些微信群，把一些办学、办培训班和各类老师聚集在一起，培训班发送全职或兼职的招聘信息，老师们根据情况选择职位。这其实是一种给培训班和老师提供对接的平台，双方各取所需。有兴趣的可以通过各种渠道找到这些微信群，然后加入进去，你会有很多收获的。

其实，在这样的群里的老师，有很大一部分都是所谓的"跑课"老师。他们不属于任何一个培训班，哪个培训班有课程需要老师，双方都觉得适合，老师就会过去带班上课。这样的老师我们都可以称为兼职老师。因为行业发展的原因，在哈尔滨市区这样的老师为数不少，所以我的建议是，可以尝试这样的老师。但是我们的策略是，在其中发现适合我们课程体系的老师，然后把他们变成我们的全职老师。

但一般情况下，这个群体里的优秀教师，肯定不愁课时的，甚至排课都很满，而且大多是属于很难被企业文化价值观同化的那一类人。那么我们可以从薪资待遇上下功夫，如果有足够的带班量，薪资待遇也满足他的要求，其实是可以转成专职教师的，而且这也是未来的趋势。

虽然，在很多地区还有大量的"跑课"老师和兼职老师的存在，这里的"跑课"老师和兼职老师并非指在校老师，但是行业发展的趋势就是全职化、专业化以及服务化。兼职、"跑课"老师最大的弊端就在于，很难形成良好的课后服务体系。他们本身不属于培训班的工作人员，属于干活拿钱走人的群体，课后服务的意识自然就会差了很多。

一方面，我们可以从薪资待遇上满足他们；另一方面，也可以从认知层面给他们科普教育培训行业的发展趋势，提升他们的认知层面。切记，我们中小培训班一定要培养自己的全职老师，兼职老师不是不能用，但是要尽量少用，好的兼职老师全部要转化成全职。都是兼职老师的培训班是没有发展前景的，未来的趋势必然是自主研发课程体系，外加课上课下全套的教学管理和服务的提供。

而兼职老师除了教学以外，在其他方面基本上无法提供支持和保障。现阶段还在用兼职老师的培训班，我建议在兼职老师的基础上，一定要在每个班级都配备我们自己的全职学管师或助教老师，除了负责基本日常的课堂服务工作，更重要的一点是做好课后的服务以及家长与培训班之间沟通的环节，即，将学生在培训班里的课堂表现和学习效果外化给家长。这是任何兼职老师都没法做也不会做、更加没有意识去做的事情，这也是纯粹的兼职老师终将被行业淘汰的原因。

早点领会到这一点，我们的培训班就会早一点跟上行业的发展，未来的路也会好走一点。

• 8.2 管理模式的进化

招聘到各种人才，培训班发展到一定阶段，就要在管理层面更加优化。关于管理的优化进程，我结合自己培训班的发展状况和我了解的一些培训班的情况，总结了管理方式进阶的四个阶段，可能不够全面，但是基本具有代表性。我们可以根据培训班的特点在管理上进行符合自身情况的优化。

8.2.1 兄弟式管理

对于初创的小培训班而言，没有管理胜似管理。这在我的办学的初期也是体现得很明显，我们没有领导和下属的概念，都是兄弟；有事情兄弟们一起上，没有条条框框的管理，只有满腔热情。

当时我们全职的老师只有Candy老师和其他三位老师，我也"被迫"带过一段时间小培训班。老师们每天都很累，我们每天下课都很晚，我一般都会一直坐在家长等候区，等所有学生都走了之后，由我自己打扫教室。清扫工作结束之后再请几位老师吃夜宵，送老师离开。很长一段时间内，我都为自己以身作则的管理模式而感到欣慰。这样对于在当时还属于初创期的培训班还是有一定好处的，以身作则就当作监督管理工作了，几位老师也不会觉得嫌苦嫌累赚得少，因为老板一直跟他们在一起。

但是后续的发展过程中我就明显感觉到这种方式的弊端。我和 Candy 实在是没有那么多精力每天都去做这些事，因为随着培训班的发展，我还有很多更重要的事情去做。不能任何事都亲力亲为，那么就要安排其他人去做。因为早期大家都还不分管理者和员工，很多人都对于现在被指挥感到有一些不快。也就是这些不快的情结，逐渐演变为各种不和谐的因素。我想这个样子的老师就像是被宠坏的孩子吧，这样下去肯定是不行的。

总结这一阶段的模式步骤。

➢ 管理者和员工没有上下级之分，处在同一水平线上。

➢ 管理者以身作则，依靠自己的行动力为员工树立榜样，让员工跟着管理者一起走，一起做。

➢ 这种模式适合初创的培训班，没有清晰的组织架构，所以无法很好地聚拢人心；缺少为培训班创出口碑和名声以及第一批稳定的生源。

8.2.2　正规化管理

发展到这一步，培训班就可以开始整顿自己的管理模式了。我很想招聘一些应届毕业生，但是之前也提到过，规模还没达到这一阶段，所以只能继续招一些兼职老师并把他们变成我们的全职老师，而在这个过程中持续安抚被"宠坏"的老师们。

当然这是我的做法，并不具备普遍的参考意义。我所知道的一个培训班也经历了差不多的阶段。那时他们或直接或间接地劝离了几位老师，并加强了培训班价值观的培养。因为那家培训班的规模也足够大了，可以进入这一步。不过，另一件需要做的事就是展现未来的发展前景，也就是俗称的"画大饼"，这也是创业者必备的一项技能。

但是这其实是一个培训班要想做大做强的必经阶段，必须坚持统一规范的流程管理和正规化管理，避免野蛮生长，因为行业已经不是野蛮生长的阶段了。如果不经历这个阶段，培训班永远不能做大，只能是一个名师的工作室。而在逐渐对名师不感冒的教育培训行业的发展中，这样的模式必将被淘汰。也有很多培训班的名师，出来自己单干，都能够从原来的培训班里带出一大批学生，但是基本都发展不起来。其原因就是无法顺利度过这一时期的发展过程，也就是名师只能教课，不懂管理，无法实现培训班正规化。

总结这一阶段的模式步骤：

➢ 开始设立简单的组织架构，并产生一定的层级关系。

➢ 持续招聘全职老师，一定规模时可以招聘应届生。

➢ 一部分老员工陆续离职，并逐步推进培训班价值观的养成。

➢ 开始为员工规划未来的发展路径，俗称"画大饼"。

➢ 统一规范的流程管理和正规化管理。

8.2.3　开放化管理

管理实现规范化，培训班就会稳定的发展。但是也会由此产生一个动力不足的问题，虽然有远期的前景，但是近期的收入应该也要得到保障。这一阶段为了稳住已经成形的体系和培训教师队伍，可以设置一个标准化的管理方案，来保证优秀老师在薪资待遇上的合理化要求能够得到满足。最好让老师之间的薪资水平有一定的差距。让那些客单价低的老师产生追赶的动力，从而带动整个培训班的提速发展。

在这种开放式的管理下，老师们会得到工作积极性上的刺激，培训班的发展就会越来越好，越来越趋向于一种平台式管理。

总结这一阶段的模式步骤：

➢ 明晰正规化管理和未来的发展前景。

➢ 设立薪酬体系，对老师的薪资待遇分层管理。

➢ 让那些客单价低的老师产生追赶的动力，从而带动整个培训班的营收。

➢ 向平台化管理的趋势靠拢。

8.2.4 平台化管理

平台化管理是一种属于未来的管理方式，因为未来的培训班会有平台化的趋势。这个意思就是说，在开放化地提升了优秀教师的薪资水准之后，培训班也会进入发展的快车道。这时候不少人会觉得自己可以办培训班了——因为这个培训班能够提供的就这样了，我自己单干也可以。

这是无可厚非的正常想法。那么我们其实可以把培训班平台化，在早期就注意有这种想法的老师，并培养他们的管理能力。在培训班逐渐发展过程中，会开设很多的分培训班，这样的人才就是我们为未来的培训班培养的校长人选。

让他们在我们的这个平台上做最好的自己，学会顶层思维考虑问题，承担一个培训班负责人应该承担的压力，我想提早培养这样的意识和能力会让优秀的人才脱颖而出，并且成为我们后续发展的重要助力。当然，这是我个人对于行业发展和未来培训班做大的一些愿景和看法，实现起来需要一定的过程。

其实，管理水平的不断进步，正是一种对于人的理解越来越深化的进程。即使我们用培训班的发展来"画大饼"，同样也不应该不考虑短期的收入问题。这也是为什么"奖励优秀老师股权期权，还不如年终奖多发几万块钱来的合适"的道理。

而有的老师想去单干，大致上也是因为觉得自己带班和在培训班带班是一样的。那么这时候企业文化和平台展示的重要性就显现了。这是一种认知的统一，也是一种对我们培训班认可的晋升。这能引导我们实现未来的平台化管理。我相信教育培训行业会越来越好，平台也会越来越多。

总结这一阶段的模式步骤：

➢ 通过开放式管理，使培训班进入发展快车道；

➢ 发掘并培养优秀教师的管理能力，作为未来培训班的管理层人选；

➢ 培训班平台化，开设分培训班；

➢ 让优秀的教师在新培训班担任校长等管理岗位；

➢ 继续加强企业文化的建设和平台的展示。

第 9 章

教学管理与教研体系

教学与教研是培训班中老师平时的重要工作职责。我们的全职老师不仅仅是上课的老师，更要成为教学管理服务和课程教研体系的实践者和领路人。我们不仅要给学生提供优质的课程产品，更要做好整套的教学服务。全职老师正是这一环节的实践者，他们在提升教学质量时起到了关键的作用。

教学教研的标准化，是培训班维持生命力的保障。我们值得花一点时间，去完善自己的教研体系，输出我们自己的能够满足学生需求的教研体系。

● 9.1 教学管理

在学生们学习成绩提高的过程中，要从"学"和"习"两方面的内容来看学习。大致上我们认为比重为"三七分"。"学"，就是我们在课堂上的学知识的过程，在这个过程中，按效果来说好学生和差生的接受程度其实相差不会太大，只是学得快慢的问题，而真正拉开差距的是"习"的过程。优等生无疑都是知道学习的重要性的，并且都养成了自己的学习习惯，而同时，成绩较差的学生不知道如何去自主学习，而且没有养成良好的学习方法和习惯。

而这个时候，教学管理的重要性就体现了出来，这种方式能够帮助我们做好学生自主学习的监管等各方面的教学服务。有人会认为这个事是属于公立学校的工作范畴，但是我认为，这是培训班发展的必然方向，也是目前行业发展的最高标准。我们应该以此来要求自己的培训班。办学还是要有一些情怀的。

9.1.1 什么是教学管理

教学管理，我认为就是老师对学生课外学习的方式方法和习惯的监管和引导。与传统的学校不同，我感受到的是我们培训班在执行这项工作时，还是有一定的难度的。我们要充分地尊重我们的每一位学员，所以做到全面的教学管理，难度可想而知，因为稍微过了就会影响生源，做不到位却又没有效果。

大致上，我认为培训班的教学管理，可以从三个方面来看：学习动机、强制监管以及个性化辅导。

（1）学习动机

我个人也是从学生时代走过来的，所以在我看来，对于大部分人来说，学习本身不是一件有趣的事，事实确实如此。所以，对于学生的学习动机的养成我认为是特别有必要的，而且要比教授知识更重要。

学得好会得到表扬，学不好不能升学，这种表面的奖与惩其实人人都知道，但是更深层次的学习动机我们是不是需要发掘一下呢？能教给学生的，不单单是为了升学，而诸如升学以后的路怎么走、怎么走能走得更好，这些其实更是在学习的过程中要逐渐灌输给学生们的理念。而我目前还没看到有意识且主动做这些工作的培训班和教育工作者。我们不要觉得这是公立学校老师的工作，我认为这同样是我们培训机构的职责。

（2）强制监管

我们作为 K12 领域的培训班，面向的都是心智上并没有那么成熟的青少年学生，多数学生在学习上没有什么自主性，并且会容易受到外界的干扰，比较情绪化，所以此时强制的监管是非常重要的。

（3）个性化的辅导

这是我一直在强调的一个办学理念。因为个性化的辅导效果也是显著的：授课的针对性和学生与老师之间的沟通交流。这也是现在我们如此强调教学服务的原因。

针对这一点，我们其实可以借鉴新东方的做法，教育培训业内对于新东方的"教学七步法"一直比较推崇。那我们就来一起学习一下这个"教学七步法"的具体内涵。

① 进门考。学生进门第一件事，对于上一节课的重点内容做测试。测试时老师就会根据学生的具体情况，来调整本节课的授课内容，同时对成绩较差的学生提出警告，刺激其学习的动机。

② 教授新课。讲述课堂内容以及重要的方法，并且规范课堂的笔记。

③ 课堂落实。采用小组讨论的形式，本质上是为了增加学生主动学习的环节。老师会根据讨论结果，对特殊问题进行纠正和指导，提供个性化的辅导。

④ 查缺补漏。根据以上的讨论结果，找出共性问题，强化这些问题。

⑤ 出门考。每节课结束之前，要对学生本节课的学习内容进行测试，确保学生能够掌握所学知识。同时再为每一个同学提出针对性的问题，即个性化辅导。

⑥ 课后的落实。下课后，老师要与家长充分交流，督促家长对孩子的作业负责。将此作为一种课后的服务形式。

⑦ 结果公示。包括学生阶段性的学习成果以及测试的一些结果和奖惩措施。

以上是新东方的"教学七步法"，部分内容来源于网络上对于这个方法的解析。

可以说"教学七步法"基本上给出了教学管理的各个环节实施的方式方法，虽然看似普通，但是规范化极其严格，值得我们去借鉴和学习，同时也要根据自己的特点加以改进。

9.1.2　如何提升教学服务

在加强教学管理的基础上，要通过不同的方面提升我们的教学服务。我大致上总结了几个点，可以为教学服务的细化做参考。

➢　课堂的教学目标不清晰。有的老师准备很充分，以至于怕内容讲不完，而没有强调本节课的重点和重要性，使得学生们没有持续的注意力去关注课中内容。

其实我们可以在上课之前，就把今天的重点强调清楚，并且把握好节奏，不然学生并不知道今天要讲的内容有多重要。

➢　持续给学生压迫感。有的老师自己讲得很有激情，学生却在下面走神溜号儿。我见过太多这种情况了。简单来说，老师们别总是关注自己的讲解有多么精彩，要知道我们是来教学生学习知识的，时刻关注学生们的动向是我们要做的重要内容，对学生保持你的专注度。

➢　要经常激励学生。鼓励、赞美、表扬每一次的精彩的回答和解答，这是提升学生们自主学习意愿的重要手段。

➢　要照顾多数人的感受。不要被个别学得快的学生带节奏。控制好课程的进度。

➢　深化课程体系。老师要在讲课时体现整个课程的课程体系。要明白每节课在课程体系中的意义。并不是只要把知识讲通了就是好老师，还要讲出层次感，这才是好的教学服务。

• 9.2 教研体系

如果说教学是我们能够外化的成果，那么教研就是我们培训班老师内功的体现。外化效果强不强，全看内功深不深。培训班内部一套成熟的教研体系，能够让我们在对外输出时目标一致，同时也能让培训班口碑的传播统一化。我们从培训班教研体系和教师培训的意义两个大方面来讨论培训班的教研体系。

9.2.1 标准化教研体系

标准化的教研体系即指培训班在整合各个科目相关的教学材料之后，自行制定的一套教学流程和资料讲义。并在所有的课程中都实施这一标准化制度。

其实我们大致上都能知道一套完整的教研体系的好处，不过大多数人可能都会认为，作为中小培训班，我们花这么多的时间和精力去做一套课程体系，去编一本讲义，工作的投入产出比是不是太低了？作为小培训班是不是没有这个必要呢？

我觉得还是有必要的，至少有几个好处可以说说。第一是减少了新教师的培训成本。直接按照我们自己的标准讲义授课即可，不然的话没办法规范化管理。第二就是提高了我们教学水准的下限。不论教师是否真的水平有限，至少有一套标准的教材讲义做背书和支撑，再差也还有的可讲，不至于乱讲一气。当然这不是我们最标准化流程的初衷。第三就是能够降低我们自有教师的离职率。

9.2.2 教材

教材是我们完整的教研体系的载体。大部分培训班其实都是基于教科书做到的课程体系，也有选取一些辅导资料来做题库之类的使用。

首先说教科书。我的观点是，教科书或者说教材，是学校老师要讲的内容。很多地区目前还是以提前教授教材内容作为补课的重点，我认为这个可以，毕竟是刚需；但除此之外真的还需要有一套自己的课程体系，来针对不同程度的学生。这段话我个人认为是非常重要的。

再说辅导练习册。比如有些习题册是面向全国发售的，并没有针对某一个地区，那么是否适合自己地市的考点，这需要考虑。

还有加盟一个教材之类的，我个人认为这根本没有必要，同时还限制了自己培训班的教学效果。

所以说，制定一套符合本地教育培训市场的教育资源手册是很有必要的。我个人的建议是，就找当地重点学校的月考、期中、期末考的试卷，往前推3年的都可以。选6～8所当地的名校，把近3年的各科目的考试卷全部拿来，编纂成册，每年定期更新，就可以作为我们最精良的试题库、讲义，甚至直接作为我们的教材。

9.2.3 中小培训班如何做教研

那么说到这，我们中小培训班应该如何去做教研？

我认为最简便的方法就是找本地的试题资源，因为我们没办法参考全国的参考书来编纂自己的教研成果。那么，既然我们是做 K12 领域，基于考试的目的，我们也应该以名校的试题资源为主要的参考，并且要通读、通做这些习题。每个老师都要将精选的所有学校的近 3 年的各类试卷全部做几遍，做到心中有数，从中归纳总结，可以把题型归类，当然也可以用其中的某一个整套题作为测试。

不仅如此，我们还可以利用这些试题资源，建立一些家长社群，比如可以建一个每周在固定时间固定发一套名校内部卷并答疑的群，以此吸引一些非名校的学生，然后以运营微信群的方式实现转化。这也是我们小培训班的一个出路。

9.2.4 教师培训的基本内容

关于教师培训的基本内容，我们大致上可以分为几个部分：教学基础、练课与磨课，教学技巧。高年级需要比较注重的应该是教学的基本功和练课与磨课，而低年级应该注重教学技巧和练课与磨课。

新老师的岗前培训应该主要包括教学基础和教学的技巧培训，主要目标就是通过对一堂课的拆解，让新老师明白基本的讲课方法以及授课应该达成的效果和目标。新老师的岗前培训也能够帮助培训班选出表现不错的人才，后续可以加以培养。

只要表现力没有太大问题，那么对于新老师课堂氛围的把控，再加以训练就可以了。只有在基本功过关的情况下，练课和磨课时才不会太费劲，每个题目的设计目的也能够清楚明晰地告知这些新的老师。在岗前的一系列技能培训达成合格以后，就可以参加一段时间的正式培训，期间就不用再做技能的培训了。

第 10 章

业内合作与
交流

虽然行业内同一品类的竞争一直非常激烈，但我还是认为至少不同品类的培训班是可以形成合作与共赢的。不同品类的中小培训班可以互相结盟，互通学生资源与师资力量，共同打造合作共赢的教育培训产业联盟。

同时，校长与管理者都应该参加业内的交流与培训，提升对行业的认知，拥抱行业的改变，以超前的模式应对行业的发展。

● 10.1　业内交流与培训

除了成立异业联盟，我们更加应该充实自己的能力，多参加教育培训行业的一些业内培训活动。近一段时间，基于对"教育培训班进行的行业培训"的培训班逐渐多了起来，是有一些在其中滥竽充数的培训，但是我们只要仔细甄别，还是有很多值得我们参加的培训。

像我之前参加的某商学院举办的黑龙江省校长交流峰会，就向很多教育界的"大咖"学习了很多先进的理念，我正是在这里第一次听到新东方的"教学七步法"这一方法的。记得那次的峰会到场的黑龙江各地校长有几百人，后期也在微信上建立了社群的沟通平台。同样，既是交流了行业经验，提供了合作共赢的机会，也能够交到一些业内的良师益友。

所以，我鼓励更多的培训班负责人和管理人员能够外出参加学习，拓展我们的事业观和视野。

● 10.2 异业联盟

百度百科是这么定义异业联盟的：

异业联盟（Horizontal Alliances）这个名词，如果从英文字面上的原意来解释应为"水平结合"。顾名思义，指产业间并非上下游的垂直关系，而是双方具有共同行销互惠目的的水平式合作关系。凭借着彼此的品牌形象与名气，来拉拢更多面向族群的客源，借此来创造出双赢的市场利益。

异业联盟，是不同行业、不同层次的商业主体的联合，也可以是同行业各层次不同商业主体间的联合。联盟的商业主体之间，既存在竞争，又存在合作。合作共赢，是异业联盟各商业主体的共同目标。

培训班的异业合作，主要针对不同品类的培训班而展开的。

10.2.1 异业联盟的意义

异业合作，顾名思义就是不同行业的合作。这里我想要说的是教育培训行业内的异业合作，也就是不同品类的培训班的合作。我个人认为每一个行业都需要行业内的交流和沟通，同行之间并不一定非要竞争个你死我活，合作共赢才是根本的趋势。这个合作最外化的就是生源的流通，深层的可以包括师资力量和课程体系的共同研发等一系列合作。

要组成异业联盟，就要有不同品类的培训班集合。常见的品类都有哪些呢？

① K12教育。这里面也可以有很多分类，有做小学的、有做初高中的、有做英语的、有在做理科的，都可以开展一些合作。比如低年级的给高年级提供生源，英语和理科互通生源等。

② 兴趣艺术类。包括音乐、美术、书法、脑力开发、足球、篮球等很多方面的培训班，都可以与K12领域的培训班开展异业合作。这也是现在很多人都在开展的一种合作形式，但我看到的很多艺术体育品类的培训班，它们的合作是都趋于片面化，不能形成系统，也很少有整个培训班之间的交流合作，很多仅限于课程顾问之间的交换电话号码清单，这种并不能称为真正意义上的异业合作。

③ 儿童启蒙类。其实这一类可以作为小学品类的流量入口，但是合作的方式也没有一个特别好的模式可以借鉴。

④ 语言培训类。也就是很多的出国留学培训班等。这一品类是可以跟各大品类都产生合作的一个品类。

基于以上这些主要的品类，我的想法是成立一个当地的这种产业联盟，将所有的培训班都放到一个平台上，形成一个大家交流共享的群体。我们其实可以以微信社群作为交流的载体，互通信息有无和实现整体培训班的生源交换。比如：理科补课类的学生如果有意愿学习艺术，可以全部推荐到联盟里的艺术类培训班；加入的每个品类培训班也都可以按照规模分层级，可以根据学生本人的意愿和程度推荐不同类型的培训班。这也实现了另一个层面的个性化推荐和学业生涯规划。

10.2.2 异业联盟实操

目前我在哈尔滨本地也加入了两个这样的平台。

第一个平台是基于一套公益课程的体系而成立的联盟，是由本地的一个公益组织牵头成立。当时是这个组织有一套少儿科技创新的课程需要推广，在本地召集了符合条件的多家中小型培训班，将课程体系分发放给这些培训班。宇航教育有幸入选其中，虽然后续因为种种原因，这个课程体系没能在行业内推广开来，这也算我在课程方面经历过的一次挫折。但是通过这个课程结识了不少行业内的同仁，通过几次的线下沟通开会之后，共同成立了一个基于资源共享的异业联盟。

当初的课程体系大致是科技创新体系的，而我们就以创客自居，成立了哈尔滨本地的基于教育培训行业的创客联盟。联盟里有 K12、语言类、少儿兴趣类等品类的培训班几十家，大家除了互相介绍生源和师资力量以外，也定期组织交流聚会。

经常看到同行们为了争抢生源而发生一些冲突等状况，我对此感到很痛心。生源是很难得，同为业内人士的我认为，还是应该多交流经验，合作共赢比较好，合作不成也多交了一些专业的朋友，很多时候可以交流行业动态，这也是很好的选择，也是做教育的人该有的胸怀。

后记

浅谈我对教育培训行业的理解

我国的教育培训行业从 20 世纪 90 年代初开始萌发，发展到现在已经有了近 30 年的发展史。在这一进程当中，教育培训行业的模式一直在跟随时代潮流变化，但教育培训班的本质一直没变。让每个学生通过在培训班的学习达到自身提升成绩的目的。对于教育培训行业，我入行已有几年，时间不长也不短，有一些自己的理解，想和大家分享一下。

1. 教育培训行业存在的模式和意义

教育培训行业发展到现在，经历了下面四个发展的阶段，市场不断地成熟，这是行业内运营人员的普遍认知。第一阶段是名师导向，已在职的名师为卖点，吸引家长报名。这也是教育培训行业 K12 领域兴起的源头。第二阶段是市场导向，也可称为销售导向。培训班把大量的财力、物力、人力和精力投入到市场营销当中，有大量的销售人员与家长进行连接。第三阶段是教学导向，也可称为课程导向，完善的教学体系和课程设置，将你的课程产品化，并符合家长需求的逻辑。第四阶段是服务导向，专业化的称呼是行为导向。老师和所有教务人员通过课上学习和课后辅导以及课外沟通等一系列极致的服务，从而达到家长选择你的培训班给学生补习的终极目的——提高成绩。

（1）第一阶段：名师导向。

也就是我们所说的公立学校的在职老师外出补课这件事。根据教育部最新的文件，再一次对于在职老师补课的问题进行了明令禁止，并且已经从 2017 年开始就对各大培训培训班进行了严查整顿，全面清除在职教师补课的现象。

这个动作基本标志着，教育培训行业野蛮生长的阶段已经过去了。行业的规范化时代即将全面到来。这个过程其实在北京等一线城市早就完成了进化。但是一部分二线城市和大多数的三线、四线城市还处于原始的名师导向阶段，这是教育培训行业急需一次的整治行动，使行业全面实现规范化。

那么名师导向阶段具体是怎么回事呢？教育培训行业早期市场中，行业刚形成，市场还不成熟，在这个阶段消费者也就是家长们，天然地认为名师即最佳选择。而培训班也抓住消费者的这一心理，直接以名师所具备的号召力招生，在那个培训班野蛮生长的时代里赚得盆满钵满。甚至直到现在，在哈尔滨的教育培训市场，名师辅导仍然是最有效的招生方式之一。不同地区的行业发展形态差距可见一斑。

名师导向看似是最合理的模式，由最好的老师提供最好的教学。对于很多不了解教育规律的家长而言，这也是他们能想到的最好的补习方式。但是深究起来，这种模式缺陷明显，根本经不起推敲。

公立学校来培训班任课的名师都是自带课程体系，作为培训班，我们无法对这个体系进行严格的把控，甚至有的老师不想让别人知道自己的套路，所以教学产品化根本无从谈起。并且这样的老师多数都不会关心课程的难易程度对学生是否合适，只会讲自己认为重要的内容，通常这些内容都是拔高培优的题目。

对于这一点我有过切身体会。21世纪初的几年，我还是一名初中生，当时就参加了学校里最好的数学老师的课外补课班。我清楚地记得，这位老师是当时整个区里甚至是市里最好的数学老师。在课堂上，他从不与我们交流，只讲自己准备的内容，学生们能不能听懂全看自己的学习程度。

如果本身就是成绩较好的同学，跟着这样的老师学习其实是没问题的。老师讲得比较难，也正好能够启发这一类同学，学习一些考试的解题技巧。这是最好的情况了，家长们也都天然地这样认为。但是实际情况并不总是这么美好，因为除了成绩好的同学，大部分有补课需求的其实是中等学生甚至中等偏下的同学，这样的老师和课程显然对于他们来说有点难了。时间一长根本也达不到提高分数的目的，还不如自己做好基础课程的学习。

经过了十几年的发展，这种模式其实早就应该被淘汰了，但是在很多地区，这样的补课班依然十分盛行，很多家长对于补课的认知也一直停留在这个层面，我觉得十分有必要对这样的家长进行一场思想的革命。这也就是2017年教育部痛下决心进行改革的根源所在，这一举措也必将推动整个行业的发展。我相信这个阶段即将在全国市场上全面消失。

（2）第二阶段：市场导向。

这一阶段兴起的培训班，多数都会将大量的精力和人力成本投入到市场营销上，学生和家长则会因为课程推广人员的承诺而选择培训班和课程。

随着市场的发展，家长会开始发现，跟随名师上课并没有成绩上的提高，而培训班的课程推广人员就在此时大规模地出现，行业内将这些课程推广人员称为课程顾问。他们会根据学生的学习情况，来具体推荐个性化的辅导和与学生程度适合的班型与老师。这也就是我一直提倡的**个性化辅导 + 分层教学法**。这样的方式针对学生学习上的不足之处，有针对性地补习，能够真正提升学生的成绩。

这个模式显然要比名师导向高级得多，看起来也没有什么漏洞，但是显然大家都忽略了核心的教学问题。由于把精力都投入到了市场营销上，使得以市场和销售为导向的培训班在教学上都存在明显的短板，师资力量跟不上，也更谈不上提课程体系和教学产品的设置了。而对于课程顾问给出的承诺，因为师资力量跟不上、现有老师又会因为收入不高而付出不够以至于无暇顾及。综合原因导致这些培训班只是看上去很好，但同样也达不到提高分数的目的。

因为本质上教育培训行业不是一个由资本驱动的行业，行业并不会因为资本的进入而产生本质的变化，核心生产力仍然是人，也就是老师。这是和其他一些以销售为导向的行业在本质上的区别。

而大量资金的流入会使市场导向的培训班盲目乐观，一旦满足课程的要求，还会加大力度投入更多的资金进行课程推广，从而形成恶性循环。

早期的一些少儿英语培训班就属于此类培训班，虽然现在仍旧有能够存活下来的培训班，但是总体运营已经今不如昔。以我熟知的一家连锁少儿英语培训班为例，小学二年级之前会有很多学生学习，但因为年级越大越需要成绩的保障，所以二年级以后就很少有学生继续在那里学习了。

（3）第三阶段：教学导向。

第三阶段是教学导向，也可以叫课程导向，完善的教学体系和课程设置，将你培训班的课程产品化，并符合家长需求的逻辑。

首先提出这一逻辑和课程体系的还是学而思。学而思的体系是将每个学期、每个学科里学生会遇到的问题都汇总并制定出一套完善的答疑体系，而这套课程体系则完美地契合了提分的逻辑。这又是学而思营造的一种概念。我在听说了这套理论之后，给它取名为结果倒推论。

具体就是，孩子想要在未来考上好大学，因此就要进入好的高中；想进入好高中，就要中考成绩好，因此也要进入好的初中；要上好的初中，就要在"小升初"的考试中发挥出色，从而推出小学阶段必须学习奥数等课程。就这样，每个年级就都有要学习的内容了。

这个逻辑其实是说得通的，并且真实存在于社会中。这也就让原本不理解其中道理的家长们开始了焦虑和恐慌，进而加剧了对优质教育资源的争夺，这也是学而思能够成功的原因所在。

套用在中小培训班上同样适用，用我自己的理念再梳理一遍。我们可以给每一个学生的每一个科目制定针对其这一科学习状况的具体学习方案。简单说，就是我们可以把每一个科目大致上分为高、中、低三个层次。再分别制订每个层次的学生该有的学习计划。最后再根据学生每个学科的情况，让他们根据不同科目上不同程度的班级，这样实现了分层教学以及个性化服务两个维度的教学理念。

这是一种比销售导向高明得多的手段，所有的产品设置都是为了解决学生当前阶段的学习问题。这种方式也让整个教育培训行业向前迈进了一大步。我觉得这也是真正体现补课的实质的一种方式，它是**学校教育的补充，而不是学校教育的延续。**

（4）第四阶段：服务导向。

第四阶段是服务导向，专业化一些的称谓是行为导向。老师和所有教务人员通过课上学习和课后辅导以及课外沟通等一系列极致的服务，从而达到家长选择你的培训班给学生补习的终极目的——提高成绩。

这种方式在本质上更加趋向于家长需求的本质，是一种更加先进的理念。老师们不仅要在课堂上教得好，更要在课后对学生学习的每一个步骤进行把控。不仅仅是在课堂上的学习，还包括学习的方法和自主学习的意愿的控制。对于培训班的老师们来说，学习方法可以教授学生，但是学生自己学没学进去、自主学习的意愿有多大，这些方面都没有办法进行把控，而我们的培训班如果能够通过课后的服务解决这些问题，就一定能够真正地帮助学生提高成绩。

而要实现这种模式，就要将在职名师和兼职教师全部摒弃。要么转为专职老师，要么彻底放弃，全部变成专职老师。只有完全的专职老师才能真正做到课后对学生学习情况的管控和服务。学管师或助教可以承担家长与培训班之间沟通的角色，但是对于学生学习意愿和方法的把握只能由我们的专职老师来承担。

总体来看，后一个阶段都要比前一个阶段更加接近学生的真实需求。而我们要做的是让学生真正知道他们自己真实的需求，并以课程产品和服务来满足他们的需求。与此同时，这也能产生更好的口碑传播转介绍效果，成为培训班的核心竞争力。在付出更多的资源成本之后，有效降低招生的成本。

之前也说过，现在很多的地区仍然处于教育培训行业发展的初级阶段。那么我们只要能够用超前一步的方法来发展培训班，就能够在本地形成一个有竞争力的培训班。

学生补课补的到底是什么？

回归到学习的本质上，学生们补课，到底在补什么？他们补的是习题还是下学期的知识？甚至是花钱买个安心？我觉得都不是，真正要补的就是学习的方法，俗称"套路"。培训班教学是在补充学校教学的不足，而不是学校课堂教学的延续。

我发现其实很多人都不知道为什么要补课，或者没有真正思考过为什么要补课。我简单把这件事情场景化，来告诉大家为什么要参加课外培训班，因为这是所有学生的刚需！

我们想象一下，在学校班级里，目前大致上每个班都有 30 ～ 40 名同学。这个数据已经比以前下降不少了。以前我在上学的时候，每个班级都有 50 ～ 60 名学生。在入学时，学校都提倡平均分班的原则，现在更是有很多学校都采取一键式的随机分班方式，目的也是保证分班的公平性，因为每个家长都想让孩子进入优班或者提高班。所以，现在的学校除了少数名校会有几个优班的存在，其他的大部分都是随机平均分配的。

那么在这个场景的基础上，我们再来到课堂上。40 个同学里，因为是平均分配的，所以肯定有学习好的，也有学习不好的，这是我们大家从小就认可的事情，也从未觉得有什么不妥。

但是，我的观点是，这种分班方式是最不科学的分班方式。为什么呢？

我们再把场景细化到一节课上。课堂上老师讲的知识点，因为学生们本身就有学习程度上的差距，所以有的同学很快就学会了，而有的同学迟迟弄不明白。这个时候老师想要在本节课的知识点上，加深一点难度。这也无可厚非。但这个时候老师会陷入两难的境地：继续讲，听懂的同学能够继续深入学习，这很好，而之前就没听懂的同学，继续听下去更加听不懂，这堂课下来就会落下更多；但是不讲呢，听懂的同学就没办法深入学习了。这时候老师有两个选择：要么停下来不再继续深入讲，把基础知识巩固一下；要么继续加深一点难度，给听懂的学生拔拔高。

如果你是这名老师，你会怎么选？

没有标准答案，老师怎么选的都有。最常见的是按照计划讲，计划中设定的是继续讲那就继续讲，计划中不讲那就巩固这节课的知识点。也会有一些老师根据现实情况来作决定，听懂的人多就继续讲，那些不懂的同学就会越落越多；听懂的人少就暂时不讲，那些很快就学会的同学就没有拔高的机会了。

场景讲完了，这表明了一种学校教育的常态。学校教育目前还欠缺分层教学和个性化辅导的具体方法。

这样导致的结果是，最后要么成绩好的同学得不到进一步的提高，要么成绩差的同学最后直接就放弃了。我们看过多少人在授受完义务教育之后，就没有继续学习而步入社会。这可能是学生们自己和家长共同的选择，但是我们就没设想过还有另一种可能吗？学得不好不代表就是差，如果学得不好、学得慢，就可以用有针对性的教学和学习方法教导，我想到最后也一样可以顺利升学的。

这种分层教学的个性化学习方式，在短时间内公立学校等教育机构是不会采纳并实施的。所以，这就是我们培训班存在的意义。这些问题我们可以完美地解决，学得好的就培优，学得不好的就打基础。总之，根据学生的程度，选择适合他自己的学习程度的班级和方法，这就是我的办学理念，在我看来也是未来教育培训行业必然的发展方向；同时也是课外补课是刚需的原因，也解释了教育培训行业的朝阳之处。因为我们身边还有太多可以开发的资源，还有太多的家长对于补课这件事处在懵懵懂懂、不得其法的阶段。我们有义务也有责任让更多的人了解教育的真相和教育的本质。

谨记：课外补课是学校教育的补充，而不是学校教育的延续。

如何提升家长的认知？

在理解了培训班存在的意义之后，我们如何才能让家长们的认知得到提升，能够理解我们所做的事情呢？要做到这点其实很难。

给我剪发的理发师老板，有句话说得特别好：只有我们的用户变得专业了，我们这种专业的工作才会越来越好做。

这句话很有道理，但是有一件事放在教育培训行业，就很难让家长专业起来：让中国的家长承认自己的孩子在学习方面不是那么在行，是世界上最难做到的事情之一。每一个在我这里咨询过的家长，在得知他的孩子很有可能要上所谓的基础班时，都会流露出一种难以接受的情绪，并且很可能会继续要求孩子上提高班。

因为在家长的认知里，自己的孩子就是最棒的！这当然没错，每个人都是最棒的，但是上基础班难道就低人一等吗？不见得！难道用科学的方法教会孩子学习，还没有你硬着头皮上提高班充面子最后还是学不会，来得更重要吗？这是家长对自己孩子的学习情况没有正确的认知。

还有一种家长的认知，就是对于整个教育培训行业的不了解。到现在这个时代，我在哈尔滨市区里，仍然能够看到那种初中生的百人大培训班的存在，并且家长们还对此趋之若鹜。很多家长都认为这才是正常现象，补课就是这么补的呀，人多热闹呀！

要知道，在学校里学生们接受的已经是 40 个人的不分层教育了，那么，我们在外出补课的时候，就应该针对自己的需求进行补课，是培优、是提高，还是补缺，家长们的心里应该多少是有数的。而百人大课这种违背教育本质的教学方式还能继续得到认可就十分地让人不解了。因为我了解到这样的课程，本身的定价并不便宜，而且还打着名师的旗号招生。于是我就明白了，我们的教育培训市场还停留在第一个名师导向的阶段，这不光是哈尔滨的问题，而是全国很多二线、三线、四线城市共同存在的问题。

让我们的家长们提升认知，更懂教育，就是我们的当务之急了。

因为，现在的时代里，家长眼界的高低，直接决定了孩子未来的高度。这是社会产生阶级分层之后必然的结果。还记得有一年全国的一个高考状元，父母都是外交官，他的家庭背景就已经决定了他的眼界高度和对未来的认知。很多人表示不服气，但是这不是单单用有钱没钱来形容的事情，还有很多其他更深层次的原因。我希望能有更多的人明白眼界和认知的重要性，不要做活在自己世界里的井底之蛙，不仅是对于自己，更是对孩子的未来负责。

学业生涯规划十分重要。

我们要对学习有一个更高层面的认知。在学生对自己的学习程度水平和成绩都有一个具体的认知以后，就要有意识地对于自己的学业生涯作出具体的规划。也就是基于自己的水平，判断自己选择哪一类的学校更合适。不仅仅对于大学的选择，甚至对选择初中和高中就要开始这样的规划。

而我们教育培训班的未来发展方向，也必然要和学生的学业生涯规划联系在一起。学生没办法做到对自己进行全面测评和对学校进行判断选择，所以，这部分工作就是由我们培训班来完成的。因为我们足够专业，对学生足够了解，对学校足够了解，更是因为我们自己都是从学生时代一步一步走来，每一次的升学其实都是人生的一个选择、一个转折、一个节点。谁也不知道你的选择是不是正确的，所以学生和家长在这种节点上，都是需要专业人士的建议，而培训班其实是承担着这方面的社会责任的，这也将是未来培训班业务板块的核心组成部分。如果能够将这件事情做好，也是为我们的口碑传播和生源流量转化提供最有力的帮助。除此之外，这件事将是对学生的整个人生都有益处的规划。

在我上学的年代，周围同学们普遍不了解升学规律，家长们从变革的年代走过来，更是没有能力给我们提供专业的指导。从小在升学的关键节点上，我都是处于懵懂的状态。也因此，我认为自己还不够成熟到自己搞定这一切，但是那个时代并没有专业的培训班和老师在做这方面的事情，所以自己作出的决定很容易影响自己一生的命运。当然，路都是自己走出来的，这没什么。但是，我们所处的时代能够有专业的人员指导学生们作出选择，那现在的孩子们为什么不根据建议，作出最好的选择呢？无关今后，路是自己走。但是走得从容一些不是更好吗？走得坚定一些不是更好吗？

2. 写在最后的话

对于教育培训行业的从业者而言，这个时代既提供了"八仙过海，各显其能"的良好机遇，也彰显了"物竞天择，适者生存"的竞争法则。

具体来说，教育培训行业还没到成熟收割期，而我们本地的教育培训行业发展阶段与行业领先水平的发展阶段之间的差距就是我们的机会。谁能用领先一个阶段的模式发展，有计划地超前一步走，谁就能填补上发展中的阶段差距，成为当地最厉害的教育培训班。

与此同时，如果我们没有及时应对行业的变化，那就将会被时代抛弃。而被抛弃的不仅仅是我们培训班本身，更是与我们的培训班形成关联的千万个家长以及站在他们背后，需要我们给出专业化指导的学生们。

能否成功，其实就看路怎么走了。对行业的分析就在这里，我希望我们能够一起应对行业的变化，成为时代的开拓者。

我一直相信，美好的事情会一直发生。而教育，就是最美的行业。